Universal City
UNIVERSAL STUDIOS
THE AMPHITHEATRE
WARNER BROS STUDIOS
FOREST LAWN MEMORIAL PARK-HOLLYWOOD HILLS
L.A. ZOO
GENE AUTRY MUSEUM
GRIFFITH PARK
Cahuenga Pk.
EL 1820
HOLLYWOOD (SIGN)
Upper Hollywood Reservoir
Hollywood Reservoir
UNIVERSAL STUDIOS OVERLOOK
HOLLYWOOD BOWL OVERLOOK
JOHN ANSON FORD THEATRE
HOLLYWOOD BOWL
HOLLYWOOD STUDIO MUSEUM
MANN'S CHINESE THEATRE
HOLLYWOOD FANTASY TOURS
PANTAGES THEATRE
UCLA/JAMES A. DOOLITTLE THEATRE
COLUMBIA SQUARE
HOLLYHOCK HOUSE
BARNSDALL PARK
ABC TV CENTER
KCET TV STUDIOS
GLENDALE
Hollywood
Echo Park
ANGELUS TEMPLE
DODGER STADIUM
ELYSIAN PARK
ANGELINO HEIGHTS
HOLLYWOOD MEMORIAL PARK
CBS TELEVISION CITY
PAN PACIFIC PARK
FARMER'S MARKET
COUNTY MUSEUM OF ART
PAGE MUSEUM LA BREA TAR PITS
WILSHIRE BOULEVARD TEMPLE
FIRST CONGREGATIONAL CHURCH
I. MAGNIN'S
FIRST BAPTIST CHURCH
OTIS/PARSONS SCHOOL OF ART & DESIGN
MACARTHUR PARK
BOB BAKER MARIONETTE THEATER
LOS ANGELES
CIVIC CENTER
CONVENTION CTR.
MUSEUM OF NEON ART
ST. SOPHIA CATHEDRAL
ST. VINCENT DE PAUL CHURCH
CHESTER PLACE
SHRINE AUD.
ST. JOHN'S CHURCH
GREYHOUND/TRAILWAYS TRANS CTR
Olympic Park
U.S.C.
MUSEUM OF AFRICAN AMERICAN ART
EXPOSITION PARK
COLISEUM
SPORTS ARENA
CULVER CITY
KENNETH HAHN STATE RECREATION AREA
BALDWIN HILLS
Ladera Heights
INGLEWOOD
CENTINELA ADOBE COMPLEX
THE FORUM
Westchester
Florence
HOLLYWOOD
SUNSET
SANTA MONICA BLVD
MELROSE AVE
BEVERLY BLVD
3RD ST
WILSHIRE
OLYMPIC BLVD
PICO
WASHINGTON
SANTA MONICA FWY
ADAMS
JEFFERSON
EXPOSITION
MARTIN LUTHER KING JR. BLVD
VERNON AVE
SLAUSON AVE
GAGE
FLORENCE AVE
MANCHESTER AVE
FIRESTONE
CRENSHAW
WESTERN
NORMANDIE
VERMONT
FIGUEROA
MAIN
CENTRAL
COMPTON
ALAMEDA
SANTA FE
LA CIENEGA
FAIRFAX
LA BREA
HIGHLAND
VINE
101
10
110

HOLLYWOODLAND

Cornelius Schnauber

Spaziergänge durch das Hollywood der Emigranten

Arche

Inhalt

Redaktion: Petra Gallmeister

Gestaltung: Michaël Bugmann, Zürich
Karten: Hans Keller, Zürich
Satz: Uhl + Massopust, Aalen
Lithos: Grafil AG, Zürich
Druck, Bindung: Wilhelm Röck, Weinsberg
Printed in Germany
ISBN 3-7160-2147-4

Umschlag: Das Zentrum Hollywoods, 1941. Thomas Mann in seinem Bibliothekszimmer in Pacific Palisades. Frontispiz: Eröffnungsfeier für ein Baugebiet, 1923. Von dem Schriftzug über dem Berg ist heute nur noch das berühmte HOLLYWOOD übrig. Rechts: Das ursprüngliche Hollywood vor der Eingemeindung nach Los Angeles.

Hollywood und das Problem der Emigration

»Man sagt, wer aufgehört hat,
London zu mögen,
hat aufgehört, das Leben zu lieben.
Das gleiche kann man
von Los Angeles sagen.«
Peter Hemmings, Generaldirektor,
Los Angeles Music Center Opera

»I am happy,
aber glücklich bin ich nicht.«
Gisela Werbezirk, emigrierte
österreichische Schauspielerin,
über ihre Zeit in Los Angeles

Der Name Hollywood bezeichnet sowohl einen geographischen Ort als auch ein kulturelles Phänomen. Hollywood ist zum Synonym für Traumfabrik und Starkult geworden, aber dieses Filmimperium war nur in seinen Anfängen ausschließlich mit dem Ort Hollywood verbunden, der heute als Stadtteil von Los Angeles ungefähr das Gebiet zwischen Hoover Street und Hyperion Avenue im Westen, Doheny Drive im Osten, Melrose Avenue im Süden und den Gipfeln der Hollywood Hügel im Norden umfaßt. Ein Teil im Westen Hollywoods hat sich in den letzten Jahren selbständig gemacht und wählt unter dem Namen West Hollywood eine eigene Verwaltung.

Ursprünglich hieß nur die im Zentrum des heutigen Hollywood gelegene Ranch von Daeida Wilcox Hollywood. Sie hatte diesen Namen auf einer Reise nach dem Osten der USA gehört und auf ihre Ranch übertragen. Als sich später die umliegenden Siedler zusammenschlossen, ging der Name auf die gesamte Gemeinde über, die 1903 Stadtrecht erhielt. Die wohlhabenden Landbesitzer, die Obst anbauten und Tiere züchteten, errichteten eine puritanische Ordnung: Es gab keinen Alkohol, keine Spielautomaten und keine Fahrradfahrer auf den Fußgängerwegen. Und die Schauspieler, die ab 1908 zum Filmen in das benachbarte Los Angeles kamen, wurden mit Mißtrauen betrachtet. Am Hollywood Hotel und an einigen Rancheingängen fand man Hinweise: »Für Hunde und Schauspieler kein Zutritt.«

Allerdings züchteten die Siedler auch die von Kakteen lebende Koschenillelaus, aus der Farbstoffe gewonnen wurden, so daß selbst das damals puritanische Hollywood bereits mit Schein und Glamour verbunden war.

1910 wurde Hollywood von Los Angeles eingemeindet, und in den folgenden Jahren entwickelte sich die ehemalige Siedlung reicher Landbesitzer zur Filmmetropole. Denn die Konzession, Filme zu drehen, die bereits vor 1910 in Los Angeles existierte, wurde auf den neuen Stadtteil übertragen. Das Klima mit dem ewigen Sonnenschein bot ideale Voraussetzungen; damals konnte noch nicht bei künstlichem Licht gedreht werden, und die landschaftlichen Gegebenheiten – Meer, Berge und Wüste in unmittelbarer Nähe – lieferten phantastische Kulissen.

Die Filmstudios siedelten sich bald auch in anderen Teilen des Los Angeles County (Los Angeles mit Vororten) an, aber der Name Hollywood blieb als Synonym für die amerikanische Filmproduktion erhalten. Unsere Spaziergänge und -fahrten führen uns deshalb nicht nur durch das eigentliche Hollywood, sondern auch durch eine Reihe von Stadtteilen innerhalb des Los Angeles County. Außerdem lebten die Emigranten, deren ehemalige Wohn- und Wirkungsstätten wir aufsuchen, ebenfalls über mehrere Stadtteile von Los Angeles verstreut.

Die Epoche, mit der sich dieses Buch beschäftigt, umfaßt die Zeit zwischen 1933 und 1952, also die Zeit, in der über 1500 deutsche und österreichische Emigranten in den Hollywood Studios arbeiteten. Die beiden Daten sind als Eckdaten anzusehen: 1933 kamen in Deutschland die Nationalsozialisten an die Macht, was eine Massenemigration zur Folge hatte; 1952 kehrte Thomas Mann, die herausragende Persönlichkeit der Exilanten, die in den USA lebten, nach Europa zurück. Außerdem gingen Ende der vierziger und Anfang der fünfziger Jahre noch viele andere Emigranten in ihre alte Heimat zurück.

Allerdings reicht der uns interessierende Zeitraum über diese Eckdaten hinaus. Denn zum einen zogen es viele Emigranten nach der Niederlage der Nazis vor, in ihrem Exilland zu bleiben, und zum anderen kamen viele Künstler bereits vor 1933 nach Hollywood, um dort Filme zu machen, und blieben nach der Machtergreifung durch die Nationalsozialisten an ihrem neuen Wirkungsort. Bei diesen Emigranten handelt es sich um Künstler, die wegen ihrer jüdischen Herkunft oder politischen Haltung von den Nazis verfolgt worden wären oder nicht mit den Nazis kollaborieren wollten.

Peter Lorre nach dem Empfang amerikanischer Einwanderungsdokumente, 1936.

Trotz der offenkundigen Gefährdung stellten sich den Einreisewilligen fast unüberwindliche Hindernisse entgegen, wenn sie in die USA emigrieren wollten. Die USA als traditionelles Einwanderungsland besaß strenge Einwanderungsbestimmungen: Ein Quotensystem regelte die Immigration, wobei jedem Land, beziehungsweise den dortigen amerikanischen Konsulaten, bestimmte Quoten zugeteilt wurden. Außerdem mußten die Antragsteller nachweisen, daß sie dem amerikanischen Staat finanziell nicht zur Last fallen würden. Sie mußten Geld hinterlegen oder nachweisen, daß sie in den USA über finanzielle Mittel verfügten. Sie brauchten somit entweder Geldmittel, einen Arbeitsvertrag aus den USA oder ein Affidavit, die Bürgschaft eines amerikanischen Bürgen, notfalls für ihren Unterhalt aufzukommen. Und ab 1940 wurden die Einreisewilligen einer Art Sicherheitsprüfung unterzogen, so daß sie ab 1941 auch noch ein zweites, ein »charakterliches« oder politisches Affidavit, benötigten.

Obwohl Präsident Roosevelt ein Gegner des Hitlerregimes war, wurden unter seiner Führung die Quoten auch dann nicht erhöht, als nach 1939 immer mehr europäische Fluchtländer von den Nazis überrollt wurden; denn auch in den USA bestand eine gewisse Judenfeindlichkeit, und nicht wenige Vertreter der Behörden und der Konsulate zeigten vor dem Eintritt der USA in den Weltkrieg Sympathien für Hitler. So kam es, daß die für Deutsche festgelegten Quoten in den dreißiger Jahren von einzelnen Konsulaten sogar unterschritten wurden. Außerdem verriet eine 1939 erfolgte Umfrage bei der amerikanischen Bevölkerung, daß 83 Prozent gegen eine Lockerung der Einwanderungsgesetze waren. Nur ein von Präsident Roosevelt einberufenes Advisory Committee on Political Refugees, das mit dem European Film Fund in Los Angeles und dem Emergency Rescue Committee in New York zusammenarbeitete, führte dazu, daß bei gewissen prominenten Persönlichkeiten das Quotensystem umgangen werden konnte, auch wenn sie die anderen Einreisebedingungen erfüllen mußten. Zu den über Non-Quota-Anträge Geretteten gehörten Heinrich Mann, Lion Feuchtwanger und Franz Werfel.

Hatten die Flüchtlinge das Glück, ein Visum und eine Schiffspassage zu erhalten, warteten in Amerika neue Probleme auf sie. Sie mußten sich mit der fremden Sprache und der fremden Kultur vertraut machen. Sie hatten finanzielle Schwierigkeiten, und sie konnten vielfach nicht mehr in ihrem alten Beruf arbeiten, da sie entweder keinen Arbeitsplatz fanden oder das geforderte amerikanische Examen nicht besaßen und sie für das für Ausländer besonders harte Nachstudium zu alt und mittellos waren. So wurden Richter Nachtwächter und Ärzte Taxifahrer.

Kamen die Emigranten nach Los Angeles, lernten sie eine Stadt mit einer ungewöhnlichen Struktur kennen. Los Angeles war vor fünfzig Jahren weit mehr eine Gartenstadt als heute: Zwischen den Einfamilienhäusern und kleinen Apartmentgebäuden findet man immer wieder Rasenflächen, Palmen und andere Bäume oder Sträucher. Das Geschäfts- und kulturelle Leben spielte sich auf den großen Boulevards und Avenues ab. Außerdem gab es damals inmitten der Stadt noch große Flächen mit Ölbohrtürmen.

Los Angeles war bereits damals eine weitläufige Stadt. Wer Bekannte besuchen oder etwas unternehmen wollte, mußte weite Strecken fahren. So brauchte man zum Beispiel von Hollywood nach Santa Monica, wo die Schauspielerin und Schriftstellerin Salka Viertel ein offenes Haus führte, oder nach Pacific Palisades, wo Thomas Mann und Lion Feuchtwanger häufig Gäste empfingen, fast eine Stunde. Außerdem mußte man erst herausfinden, wo ein gutes Restaurant oder ein preisgünstiges Einkaufszentrum lag. Heute ist das einfacher, da die Anzahl der guten Restaurants mit kulinarischer Vielfältigkeit (europäisch, exotisch, amerikanisch) enorm gestiegen ist und auch immer mehr konkurrierende Einkaufszentren entstanden sind.

Los Angeles verfügte damals über ein blühendes Kulturleben, aber auch die Theater und Konzertsäle waren weit von den Wohnbezirken entfernt. Los Angeles war (und ist) in gewisser Weise eine Stadt der kulturellen Inseln.

Die Emigranten und diejenigen Künstler, die aus anderen Gründen nach Los Angeles kamen, haben entscheidend zur kulturellen Vielfalt dieser Metropole beigetragen. Hier existierte die größte kulturelle Diaspora der Weltgeschichte: Künstler aus Deutschland, England, Frankreich, Österreich und Rußland, deren Namen ganze Lexika füllen, wirkten in dieser Stadt am Pazifik. Die Nachgeborenen betrachten diese Epoche mit Ehrfurcht, während die Zeitgenossen, die zum Teil in verschiedene politische Lager gespalten waren oder unterschiedliche künstlerische Richtungen vertraten, sich dieser beeindruckenden Nachbarschaft oft gar nicht bewußt waren.

Im musikalischen Bereich leiteten zum Beispiel Otto Klemperer die Los Angeles Philharmonic und Bruno Walter das Columbia Symphony Orchestra. Außerdem lebten und wirkten hier einige der größten Komponisten und Solisten der neueren Musikgeschichte. Im Jewish Club of 1933 hörte man Dichterlesungen und Rezitationen großer Dichter und Schauspieler.

Interessant ist in diesem Zusammenhang, daß die meisten Autoren, die nach Los Angeles geflüchtet waren und hier einige der bedeutendsten Werke der deutschen Literatur schufen, Los Angeles nicht als Schauplatz benutzten. Sie blieben europäisch. Ausnahmen sind nur Curt Goetz, Vicky Baum, Victoria Wolff, Franz Werfel und im nachhinein Erich Maria Remarque. Franz Werfels *Stern der Ungeborenen* (1945) spielt allerdings in einem imaginären Kalifornien der Zukunft. Außerdem hatten die deutschen Autoren in den USA keinen leichten Stand, da die deutschsprachige Literatur seit dem Ersten

Weltkrieg (und bis heute) nicht die Bedeutung erlangt hat wie die französische, russische oder auch skandinavische Literatur, einzelne Autoren wie Gerhart Hauptmann, Hermann Hesse, Franz Kafka, Thomas Mann vor 1952 und Autoren wie Hermann Hesse, Bertolt Brecht, Friedrich Dürrenmatt, Max Frisch, Günter Grass und Heinrich Böll in gewissen Perioden oder in bestimmten Zirkeln nach 1952 ausgenommen. Vor dem Ersten Weltkrieg dagegen kam der deutschen Literatur in den USA eine dominierende Stellung zu, und die gebildeten Schichten kannten Goethe, Schiller, Lessing sowie die deutschsprachigen Autoren des 19. Jahrhunderts sehr ausführlich.

Dennoch haben die deutsche Literatur und Philosophie auch in unserem Jahrhundert einen entscheidenden Einfluß auf das amerikanische Bewußtsein ausgeübt, und zwar durch den Hollywood-Film. Die Emigration war deshalb keine Fußnote der Geschichte, sondern von hoher kulturgeschichtlicher Bedeutung. Allerdings geht es in diesem Zusammenhang nicht um die Verfilmung von literarischen Werken, die es zwar auch, aber nur selten, gab, sondern um den indirekten, aber nachweisbaren Einfluß jener deutschsprachigen Film-Emigranten, die Hollywood seit Anfang unseres Jahrhunderts entscheidend mitgeprägt haben. Diese Entwicklung setzte Anfang der zwanziger Jahre mit dem Österreicher Erich von Stroheim ein. Er führte in Filmen wie *Greed* (1923) oder *The Wedding March* (*Der Hochzeitsmarsch,* 1927) Elemente ein, die nachweislich von der Literatur des deutschen Naturalismus, des österreichischen Fin de siècle sowie des deutschsprachigen Expressionismus beeinflußt waren: naturalistische Genauigkeit in Bühnenbild und Kameratechnik; krasse Darstellung sozialer Armut; sarkastische Zeichnung der materiellen und erotischen Begierden von Adel und Bürgertum; Pazifismus als Ideal im Kampf um die Zukunft der Menschheit. Es trifft zwar zu, daß es in den damaligen Filmen der Amerikaner Cecil B. DeMille oder D. W. Griffith ebenfalls schon expressionistische (Monumental-)Bilder und (sozial) ergreifende Melodramatik gab und daß bereits Charlie Chaplin in seinen Slapstick Komödien die Welt des kleinen Mannes gestaltete; aber von Stroheims Sozialkritik und sein Sarkasmus in der Darstellung gesellschaftlicher Dekadenz, die er zudem mit sexueller Gier als Kontrast zu wahrer Liebe verbindet, sind nicht ohne die Theorien des Naturalismus und Sigmund Freuds denkbar, und das Flair seiner Gestaltung ist nicht ohne den Einfluß Arthur Schnitzlers zu erklären.

Und Ernst Lubitsch, der ursprünglich pompöse, wenn auch nicht undifferenzierte Ausstattungsfilme und Melodramen schuf, kreierte im Hollywood der zwanziger und dreißiger Jahre subtile Komödien, die von den Komödien Heinrich von Kleists, vor allem aber von den frühexpressionistischen Dramen Frank Wedekinds und Carl Sternheims geprägt sind und darüber hinaus die Theaterpoesie sei-

Friedrich Wilhelm Murnau und das Team bei der Vorführung von *Sunrise*, 1927.

nes Lehrers Max Reinhardt erkennen lassen.

Außerdem gelang es Paul Leni in seinen amerikanischen Grusel- und Kriminalfilmen wie *The Cat and the Canary* (*Die Katze und der Kanarienvogel,* 1927), romantische, vor allem aber expressionistische Elemente so ins Visuelle umzusetzen, daß das Bedrohliche nicht mehr durch direkte Greueltaten, sondern durch Raum, Gesichter und Szenerie ausgedrückt wurde. Die Umsetzung romantischer und expressionistischer Elemente ins Visuelle finden wir nicht nur bei Paul Leni, sondern auch in Friedrich Wilhelm Murnaus berühmtem Hollywood-Film *Sunrise* (*Sonnenaufgang,* 1927) und in den Hollywood-Filmen William (Wilhelm) Dieterles. Bei ihm spielt zum Beispiel die dichterische Atmosphäre eines E. T. A. Hoffmann oder der *Nachtwachen des Bonaventura* sogar in einen sozial- und gesellschaftskritischen Film wie *The Life of Émile Zola* (*Das Leben des Émile Zola,* 1937) hinein, was besonders in den Anfangsbildern dieses bedeutenden Films zum Ausdruck kommt. Und in *All That Money Can Buy* (*Alles, was für Geld zu haben ist,* 1941) werden Gesellschaftskritik und materielle Gier direkt mit dem deutschen *Faust*-Stoff verbunden und in romantische Visionen umgesetzt.

Fritz Lang hatte bereits mit seinen in Deutschland gedrehten Filmen Einfluß auf Hollywood ausgeübt. *Der müde Tod* (1921), in dem die deutsche Romantik, die Welt von *Tausendund-*

einer Nacht, Venedig und ein exotisches China eine Rolle spielen, zeigte eine gelungene Verbindung literarisch inspirierter Stilmittel; und in *M* (1931) gelang ihm eine differenzierte, psychologisch stimmige Charakterisierung eines Verbrechers, die sich von der Schwarzweißschablone amerikanischer Western abhob und sich mit der sozialen (Berliner) Welt im Stil der Neuen Sachlichkeit verband. Doch auch in seine Hollywood-Filme ließ Lang deutsche Literaturtraditionen einfließen, wozu er sich stets bekannte. Man denke nur an den Film *You Only Live Once* (*Gehetzt / Du lebst nur einmal,* 1937), in dem der Held zum »Verbrecher aus verlorener Ehre« wird und die Motivverbindung zu Schillers gleichnamiger Erzählung erkennbar ist.

Auch die Filme William Wylers, Billy Wilders, Fred Zinnemanns und Otto Premingers, um einige andere bedeutende deutschsprachige Hollywood-Emigranten zu nennen, lassen den Einfluß deutscher Literaturtradition erkennen: Billy Wilder läßt in vielen seiner Filme deutlich den Berliner Witz aus der Zeit der Neuen Sachlichkeit erkennen. Fred Zinnemann orientiert sich bei der Strukturierung der Konflikte zwischen Individuum und Gesellschaft, Individuum und Staatsräson, Religion und Schicksal am Aufbau griechischer und deutscher Dramen. Selbst der Western *High Noon* (*Zwölf Uhr mittags,* 1952) ist laut Zinnemanns eigenen Angaben aus dieser (klassischen) Tradition heraus konstruiert worden. Wenn wir im Verlauf unserer Rundfahrten die (ehemaligen) Häuser der Regisseure und Drehbuchautoren aufsuchen, werden wir dieses Thema noch einmal aufgreifen.

Da die meisten Emigranten weit voneinander entfernt wohnten, können wir unsere Touren nur mit dem Auto bewältigen. Immerhin hat Los Angeles County über acht Millionen Einwohner und umfaßt eine Fläche von fast 11 000 Quadratkilometern. Das in diesem Buch vorgestellte Besichtigungsprogramm ist in sechs Fahrten aufgeteilt, in die kleine Spaziergänge eingeschoben werden; am Schluß geben wir Vorschläge für weitere Ausflüge.

Die Recherchen zu Wohnorten und Lebensdaten der Emigranten haben sich als extrem schwierig herausgestellt. Vergleicht man die Angaben seriöser Werke über das Exil, stößt man immer wieder auf widersprüchliche Aussagen über Wohnorte, berufliche Tätigkeiten und Lebensdaten. Auch in den Memoiren der Emigranten finden sich viele Ungenauigkeiten, die sich selbst in Gesprächen mit den Autoren nicht immer ausräumen ließen.

Los Angeles hat sich in den letzten Jahrzehnten stark verändert, und der bauliche Wandel betrifft natürlich auch die Wohnstätten der Emigranten sowie ihr Umfeld. Allerdings besteht in Los Angeles das sogenannte »zoning system«, das besagt, daß in Gegenden mit Einfamilienhäusern nur Einfamilienhäuser gebaut werden dürfen, und daß in Gegenden, die für mittlere Apartmenthäuser zugelassen sind, zwar noch Einfamilienhäuser stehen dürfen, aber keine Hochhäuser oder Geschäftsbauten oder Arztpraxen usw. errichtet werden dürfen. Nur wenn eine bestimmte Mehrheit der Bewohner einer Straße sowie der angrenzenden Nebenstraßen einverstanden ist, darf das betreffende »zoning system« geändert werden, und nur in seltenen Fällen wird die Stadtverwaltung von sich aus gegen den Willen der Anwohner einen solchen Schritt tun. Die Struktur eines Viertels bleibt demnach lange erhalten, obwohl sich gewisse Veränderungen abzeichnen können, die zum Beispiel Anzahl und Stil der betreffenden Häuserkategorien betreffen.

So ist anzunehmen, daß fast alle Wohnstätten der Emigranten in den letzten Jahrzehnten zumindest einige bauliche Veränderungen erfahren haben. Dieses Buch weist nur dann darauf hin, wenn es offenkundig oder durch Fotos aus der damaligen Zeit belegbar ist. Denn offizielles Material zu baulichen Veränderungen gibt es in Los Angeles kaum.

Wie schwierig es ist, genaue Angaben zu Gebäuden zu finden, mag ein Beispiel belegen. Bezüglich des ältesten Restaurants Hollywoods, Musso-&Frank Grill, stimmen die Quellen nur darin überein, daß es 1919 eröffnet wurde. Später fand ein Umbau statt, doch wann das war, ist fraglich. Ein offizielles Hollywood-Buch meint

Das Literatenrestaurant Musso & Frank Grill um 1928.

Los Angeles, heute.

1936, ein anderes spricht von 1937. Außerdem hat es irgendwann einen zusätzlichen Speisesaal erhalten. Der Oberkellner, der bereits fünfzehn Jahre im Restaurant arbeitet, bestand darauf: Umbau und zweiter Speiseraum 1945. Die Managerin dagegen meinte: Umbau 1922, und der zweite Speiseraum kam 1956 hinzu. Die *Los Angeles Times* schrieb: »Musso wurde 1936 einige Türen entweder nach links oder nach rechts versetzt.« Der zweite Speiseraum wird überhaupt nicht erwähnt. Und die offizielle Ermittlung beim Department of Building and Safety durch das Department of Parks and Recreation ergab für 1937: Umbau in dem einen Bericht und Umzug in das Gebäude nebenan in dem anderen Bericht.

Um aber nicht die Fehler anderer abzuschreiben, gibt dieses Buch nur solche Daten und Adressen an, die sich durch Originaldokumente (Briefe, Tagebücher, Informationen der Einwanderungsbehörden, Rechnungen, Quittungen, alte Telefonbücher sowie Listen von Weihnachtskarten oder Geschenkpaketen) belegen lassen.

Dennoch enthält es genügend exakte Daten, um uns verläßlich in die Welt der Emigranten und Hollywoods zwischen 1933 und 1952 zu führen. Zudem ist dieses Buch vor Ort entstanden. Viele der nachfolgenden Zitate stammen aus Gesprächen, die ich persönlich mit den Emigranten geführt habe, oder aus noch unveröffentlichten Dokumenten unserer Archive.

Der Hollywood Boulevard in den 30er Jahren.

Erste Fahrt
Die Filmstudios und der Hollywood Boulevard

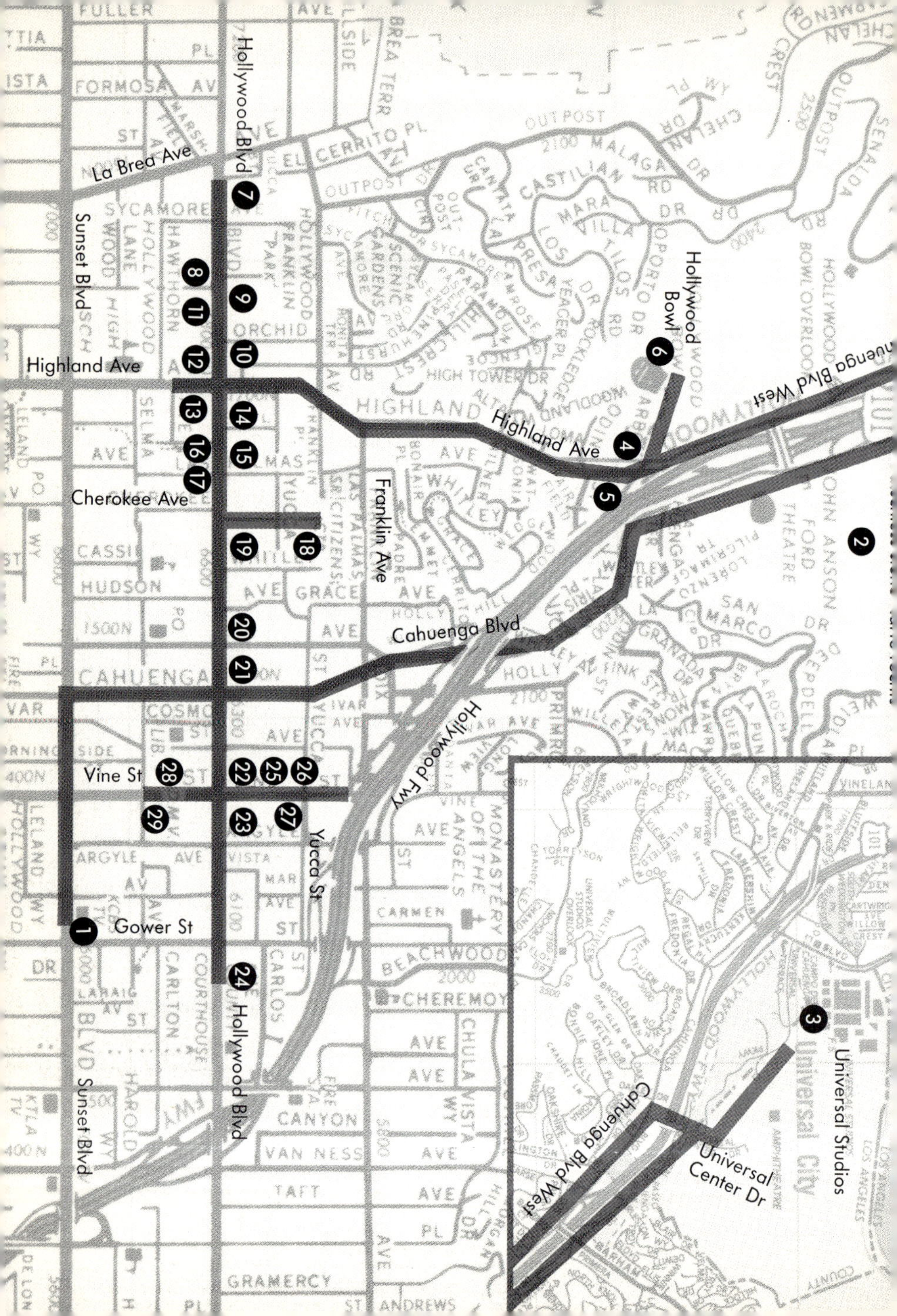
Hollywood Blvd
La Brea Ave
Sunset Blvd
Highland Ave
Cherokee Ave
Franklin Ave
Hollywood Bowl
Cahuenga Blvd West
Cahuenga Blvd
Hollywood Fwy
Vine St
Yucca St
Gower St
Universal Studios
Universal Center Dr
Universal City
1
2
3
4
5
6
7
8
9
10
11
12
13
14
15
16
17
18
19
20
21
22
23
24
25
26
27
28
29

Wir beginnen unsere Spazierfahrt an der nordwestlichen Ecke von Sunset Boulevard und Gower Street.

❶ Ort der ersten Filmstudios Ecke Sunset Boulevard und Gower Street

Hier, auf dem ehemaligen Grundstück der Witwe Wilcox, quartierte 1911 David Horsley in einer alten Taverne die aus New Jersey stammende Nestor Film Company of Bayonne ein. Heute befinden sich an dieser Ecke die KCBS-Fernsehstudios. Gegenüber, an der Südwestecke des Sunset Blvd., entdecken wir die berühmte Einkaufsecke Gower Gulch. Dieser Einkaufsplatz, der 1976 im Stil einer kleinen Frontier-(Western-)Straße erbaut wurde, erinnert an die Zeit der ersten Filmstudios, als an dieser Ecke die als Cowboys oder Indianer kostümierten Komparsen und Kleindarsteller auf Rollen warteten. *Vielleicht trinken wir an ihrem ehemaligen Treffpunkt rasch einen Kaffee.*

Die Nestor Film Company war die erste Filmgesellschaft, die ein Filmstudio in Hollywood gründete. In den nächsten Monaten folgten ihr fünfzehn weitere Filmfirmen, die ihre Lichtspiele in Hollywood und Umgebung drehten, denn das Klima im sonnigen Kalifornien war zum Filmen ideal. Einen entscheidenden Einfluß auf die Entwicklung Hollywoods ubte der im schwäbischen Laupheim geborene Carl Laemmle (1867–1939) aus, der 1912 die Nestor Company aufkaufte, dazu das südliche Grundstück

Carl Laemmle in den 20er Jahren.

am Sunset Blvd. erwarb und dort das erste größere Hollywood-Studio, die Universal Film Manufacturing Company (später Universal Pictures), gründete. Damit stieg Hollywood zur Filmstadt auf. Bald wurde Laemmle das Grundstück am Sunset Blvd. zu klein, und so mietete er circa sieben Kilometer nördlich, im San Fernando Valley, ungefähr 102 Hektar Land und eröffnete dort die Universal City mit den Universal Studios.

Von dem ehemaligen Filmgelände an der Kreuzung Sunset Blvd. und Gower St. fahren wir sechs Straßen weiter Richtung Westen den Sunset Blvd. entlang und passieren dabei auf der rechten Seite das für große Shows berühmte Palladium, wo zum Beispiel 1987 zur 750-Jahr-Feier der Stadt Ber-

lin bekannte deutsche Künstler der Nachkriegszeit auftraten. Links vom Palladium sehen wir das berühmte Star Search Theatre, das 1938 als Earl Carroll Theatre gegründet wurde, später Moulin Rouge und danach Aquarius Theater hieß. Viele der berühmtesten Stars, darunter Marlene Dietrich, aßen hier oder traten auf der Bühne auf. An der sechsten Kreuzung biegen wir rechts in den Cahuenga Blvd. ein und folgen ihm über den Hollywood Freeway hinaus.

❷ John Anson Ford Theater

Rechts liegt das John Anson Ford Theater (2850 Cahuenga Blvd.), früher Pilgrimage Play Theatre genannt, das heute unter anderem durch seine Shakespeare-Aufführungen bekannt ist. Es lohnt sich, in dem über 1300 Sitze fassenden Amphitheater einen Abend zu genießen, da man von den nahen Hügeln und dem an die Architektur des alten Jerusalem erinnernden Bau fast »intim« eingeschlossen ist. *Wir folgen dem Cahuenga Blvd. durch die Hollywood-Hügel bis zum Universal Center Dr., wo wir rechts einbiegen.*

❸ Universal Studios

Als Carl Laemmle hier, in Universal City, vor fast 80 Jahren die Universal Studios eröffnete, dauerte es nicht lange, bis er (und seine Nachfolger) auch deutschsprachige Künstler engagierte, von denen die Regisseure Erich von Stroheim, William Wyler, Paul Leni, Robert Siodmak, Edgar G. Ulmer, Douglas Sirk, Henry Koster und Reginald LeBorg zu den erfolgreichsten Regisseuren von ganz Hollywood gehörten. Erich von Stroheim, William Wyler und Paul Leni waren schon vor 1933 nach Los Angeles gekommen, so daß sie zusammen mit Künstlern wie Richard Neutra, Rudolf Michael Schindler (Architekten), Paul Steiner, Frederick Loewe (Komponisten), Ernst Lubitsch, Josef von Sternberg, Friedrich Wilhelm Murnau, William Dieterle (Regisseure für andere Hollywood-Studios), Conrad Veidt, Emil Jannings, Marlene Dietrich (Schauspieler) die erste Kolonie der deutschsprachigen

Erich von Stroheim, 1937.

Universal Studios, 1931.

Künstler aus Deutschland und Österreich in Los Angeles bildeten. William Dieterle begann seine Hollywood-Karriere, indem er amerikanische Filme auf deutsch nachdrehte – das damalige Verfahren zur Synchronisation, auf das wir noch zu sprechen kommen.

Heute gehören die Universal Studios zu den beliebtesten Touristenzielen. Auf organisierten Rundfahrten, die circa vier Stunden dauern, lernt der Besucher Teile der Studios kennen, wird durch die Ankleideräume berühmter Stars und Kulissenhallen mit den Requisiten bekannter Filme geführt, erlebt faszinierende technische Tricks, die in den verschiedensten Filmen verwendet wurden, wie zum Beispiel die Teilung des Roten Meeres in dem Film *The Ten Commandments* (*Die zehn Gebote,* 1956), begegnet als Außenkulissen Straßen von Berlin, London oder anderen Städten und kann anschließend einige Kurzshows bewundern, die Szenen aus aktuellen Filmen nachstellen. Denn in den Universal Studios werden auch heute noch zahlreiche Filme gedreht. Zum einen handelt es sich dabei um Filme, die von Universal finanziert werden, und zum anderen um Projekte, die von anderen Produktionsfirmen, die die Universal Studios gemietet haben; denn Universal ist die einzige große Hollywood-Filmgesellschaft, die ihr riesiges Filmgelände behalten hat.

Die Entstehung dieses Film-Disneylandes für Touristen hing mit der großen Filmkrise der sechziger Jahre zusammen. Das Fernsehen zog in immer mehr Haushalte ein und verdrängte dadurch die Alleinherrschaft des Leinwandfilms. Außerdem hatte sich die teilweise Entmachtung der

DeMille Studio-Scheune.

Filmstudios schon dadurch angebahnt, daß die Filmgesellschaften infolge der nach 1945 entstandenen und erst in den achtziger Jahren wieder gelockerten Anti-Trust-Gesetze keine eigenen Filmtheater, die nicht selten 2000 bis 3000 Sitzplätze enthielten, mehr als Finanzquellen besitzen durften. In dieser Krisenzeit mußten sich die großen Filmstudios etwas einfallen lassen, um zu überleben: Metro Goldwyn Mayer versteigerte seine Kostüme; 20th Century Fox veräußerte den größten Teil seines Filmgeländes, das es heute gern zurückkaufen würde, Warner Brothers Pictures schlossen sich Fernsehproduktionen an, und Universal führte das vielbesuchte Touristenprogramm ein und konnte sich somit sein ursprüngliches Gelände mitsamt den Studios bewahren.

Von Universal City fahren wir auf dem Cahuenga Blvd. in Richtung Hollywood Blvd. wieder zurück, bleiben aber jetzt auf der westlichen Seite des Freeways, auf dem Cahuenga Blvd. West, der bald in die Highland Ave. mündet. Von dort biegen wir kurz danach rechts in das Parkgelände der Hollywood Bowl ein.

❹ Hollywood Bowl Museum

Links, gleich nach der Einfahrt in die Hollywood Bowl Rd., befindet sich das Hollywood Bowl Museum mit seinen Wanderausstellungen, die die Geschichte Hollywoods und der Los Angeles Philharmonic dokumentieren.

❺ Hollywood Studio Museum

Sehenswert ist auch das der Hollywood-Bowl-Einfahrt gegenüberliegende Hollywood Studio Museum (2100 Highland Ave.), das in einer alten Scheune die Geschichte des Hollywood-Films sowie alte Hollywood-Filme zeigt. Diese Scheune stand ursprünglich an der Südostecke von Vine St. und Selma Ave. und enthielt neben Pferdeställen das Büro von Cecil B. DeMille, einem der großen Pioniere des Hollywood-Films. Vor dieser Scheune hatte DeMille 1913 seine ersten Hollywood-Filme gedreht. Er war damals Teilhaber der Jesse L. Lasky Feature Play Company. Innenaufnahmen konnten vor 1918 nicht gedreht werden, da erst 1918 ein Beleuchtungsverfahren entwickelt wurde, das Innenräume ausreichend beleuchtete. Wenn vorher Innenräume benutzt wurden, mußten sie weit offen sein, so daß das Tageslicht genug Helligkeit bot.

❻ Hollywood Bowl

Unser eigentliches Ziel ist aber die Hollywood Bowl selbst, die mit ihren fast 18000 Sitzplätzen das größte Freilichttheater Kaliforniens darstellt. Die 1920 zum ersten Mal für Theateraufführungen genutzte Mulde, die inmitten von Büschen und Bäumen bewachsener Hügel liegt und im ersten Jahr noch nicht über Sitzplätze verfügte, überwältigt den Besucher mit ihren breit und weit ansteigenden Sitzreihen, so daß die 1928/29

Die Hollywood Bowl, heute.

Szene aus Max Reinhardts Inszenierung von Shakespeares *Midsummer Night's Dream*, 1934/35.

von Lloyd Wright jr. (Sohn von Frank Lloyd Wright) entworfene Bühnenmuschel mit ihren hängenden Metallkugeln von den letzten Reihen aus fast winzig wirkt. Diese Metallkugeln gibt es allerdings erst seit 1975, um die Akustik zu verbessern. Zwischen Ostern und Herbst spielen hier vorwiegend die Los Angeles Philharmonic. Es gastieren aber auch viele auswärtige Orchester und Solisten. Durch ein elektronisches Schaltverfahren können die Töne aus den Lautsprechern der obersten Sitzreihen so verzögert werden, daß sie mit den natürlichen Schallwellen vom Konzertpodium zeitlich zusammentreffen. Früher, als noch keine Autobahn- und Stadtgeräusche über die Hügel drangen, gab es keine Lautsprecherverstärkung. Trotzdem konnte man in den obersten Reihen, die etwas über 200 Meter Luftlinie von der Bühne entfernt sind, Max Reinhardts berühmte Inszenierung von Shakespeares *Sommernachtstraum* verstehen. Reinhardt (eigentlich Goldmann), der in Berlin und Wien Theater leitete, verließ 1933 Deutschland und emigrierte später in die USA. In dieser Inszenierung von 1934, in der der elfjährige Mickey Rooney den Puck spielte, nutzte Reinhardt sogar die hohen Hügel hinter und neben der Bühne, um die Schauspieler auf- und abtreten zu lassen. Die Aufführung wurde zu einem der größten Theatererfolge in der Geschichte Amerikas. Helene Thimig-Reinhardt schrieb darüber: »Die *Sommernachtstraum*-Inszenierung in der Hollywood Bowl wurde dann auch wirklich ein ganz großer Erfolg für Reinhardt. Man muß sich diese ›Bowl‹ wie ein natürliches Freilichttheater vorstellen – eine große Mulde, in einen Hügel gebettet, die Sitzreihen steigen den Hügel hinauf, wie bei einem Amphitheater – die ›Bühne‹ abgeschlossen durch bewaldete Hügel. Kein Haus weit und breit [. . .].

Im Grunde war er (Reinhardt) mit diesem Spielgrund nicht nur recht zufrieden, sondern fühlte sich sogar ausgesprochen animiert, wie immer, wenn er eine Bühne selbst gestalten konnte, jenseits aller Guckkastenregeln. Er hat diese Theaterlandschaft sogar durch Anpflanzungen ›verwildert‹. Auch einen Steg hat er bauen lassen, so eine Art Hängebrücke, die aussah wie aus Schlingpflanzen gemacht.

Besonders märchenhaft haben die ›Glühwürmchen‹ gewirkt: unzählige Lämpchen, die er über die Hügel bis in den Wald hinauf einpflanzen ließ.«

Der auf dieser Inszenierung basierende Film aus dem darauffolgenden Jahr wurde, obwohl Warner Brothers Pictures wegen Reinhardts Ruf als europäischer Theaterzauberer und seines großen Erfolgs in der Hollywood Bowl viel Geld hineinsteckten, leider kein Publikumserfolg. Das trug dazu bei, daß der große Bühnenregisseur aus dem Film hinauskomplimentiert wurde und sich nur noch Theaterinszenierungen widmete, die aber nicht den Glanz und die Bedeutung seiner großen Inszenierungen in Berlin und Salzburg gewannen. Dennoch zeigte der von ihm gegründete Max Reinhardt Workshop for Stage, Screen and Radio, an dem auch Helene Thimig entscheidend mitwirkte, höchste Qualität, sowohl was die Ausbildung als auch was die Theateraufführungen anbetraf, und hat in Hollywood sehr viele Schauspieler und Regisseure beeinflußt. Das Institut befand sich zeitweise am Sunset Blvd. und zeitweise am Wilshire Blvd.

Hat der Besucher Zeit, sollte er eines der Konzerte in der Hollywood Bowl besuchen. Er kann sich dazu mit seiner Familie oder Freunden eine der offenen Boxen mieten, die die ersten zwanzig Reihen umfassen, ein Abendessen bestellen oder mitbringen und bis zum Anfang des Konzertes eine kleine Party veranstalten. Doch mit Beginn des Konzertes erlöschen alle Lichter, auch die mitgebrachten Kerzen müssen ausgeblasen werden, damit Konzentration und Stille eintreten. Vielleicht gelingt es dem Besucher auch, das Abschiedskonzert im Herbst zu erleben, das traditionell mit Georg Friedrich Händels *Feuerwerksmusik* endet und ein synchron verlaufendes Feuerwerk, das hinter der Bühnenmuschel gezündet wird, einschließt – ein gewaltiges Hollywood-Spektakel. Oder der Besucher fährt am Ostersonntag schon vor Sonnenaufgang zur Bowl und erlebt die Ostermesse, während hinter dem östlichen Hügel die Sonne aufgeht. Es ist ein kitschiges Bild, das in dieser freien Natur dennoch überwältigt.

Die Anfahrten zur Hollywood Bowl müssen nicht mit dem eigenen Auto bewältigt werden; von verschiedenen Haltestellen in Los Angeles aus, wo man auch parken kann, fahren Busse zu den Veranstaltungen. Eine befindet sich zum Beispiel beim Federal Building in Westwood.

Auf unserer Spazierfahrt fahren wir jetzt in Richtung Süden zum Hollywood Blvd. Links und rechts passieren wir dabei große, malerische Villen, die auf den Hollywood-Hügeln in zum Teil gefährlich erscheinender Höhe errichtet wurden.

❼ Der Hollywood Boulevard

Nirgendwo wird versucht, das alte Hollywood so intensiv zu konservieren wie auf dem Hollywood Blvd., und wenn Touristen nach Hollywood kommen, um etwas vom Film und von seiner Metropole zu sehen, so suchen sie entweder nach den berühmten Studios oder besuchen das ehemalige Herz von Hollywood, den zwischen Gower St. und La Brea Ave. liegenden, zwei Kilometer langen zentralen Teil des sich auf acht Kilometer erstreckenden Hollywood Blvd. Sie werden zweifach enttäuscht. Zum einen sind einige der bekannten Studios von Hollywood, so MGM, Universal, Warner Brothers, 20th Century Fox, nicht in Hollywood, sondern in anderen Stadtteilen des Los Angeles County zu finden, und zum anderen ist der Hollywood Blvd. längst nicht mehr das repräsentative und gesellschaftliche Zentrum der amerikanischen Filmmetropole. Trotzdem ist er noch immer mehr als eine gewöhnliche Straße: Er ist Treffpunkt, Hoffnung, Schmutz, Symbol und Nostalgie in einem. Ein Blick auf ihn ist deshalb auch ein Blick auf einen Teil der amerikanischen Kultur und Mentalität von heute.

Noch immer gibt es auf dem Hollywood Blvd. zahlreiche Geschäfte, Restaurants und Kinos. Die Gebäude unterscheiden sich im Stil und in der Höhe. Die einen weisen Stuck und Putz auf, die anderen sind kahl. Viele haben byzantinische, maurische, neogothische, spanische, ägyptische, Art deco- oder Renaissance-Fassaden. Oft sind diese Stilelemente in ein und derselben Fassade vermengt; am meisten findet man Art deco und spanischen Kolonialstil, der sich besonders als Churriguerismus (Barockstil mit reichen Dekorationen) oder plateresker Stil zeigt. Immer aber wirken diese Gebäude wie so viele eklektische Gebäude in Hollywood und Los Angeles wie die Fortsetzung der Kulissenstädte in den großen Filmstudios Universal, Warner Brothers, Paramount, MGM und 20th Century Fox. Denn alle kleineren und älteren Gebäude in Hollywood und Los Angeles sind leicht gebaut (Holz mit Putz oder nur Holz), damit bei Erdbeben keine Ziegelmassen einstürzen.

Seit einiger Zeit werden die Gebäude

Der Hollywood Boulevard in den 30er Jahren.

am Hollywood Blvd. restauriert, und an den Wochenenden ist die ehemalige Prachtstraße zum Schutz der Besucher und der Bauten für den Autoverkehr gesperrt. Denn vor allem an den Wochenenden drängen sich Touristen und Einheimische auf dem Boulevard. Neben Reisenden, die von alten Zeiten träumen, finden sich auch Prostituierte, Zuhälter und Drogensüchtige sowie Jugendliche, die den Hollywood Blvd. nur als Treffpunkt benutzen, ohne damit irgendwelche – negativen oder positiven – Mythen zu verbinden. In vorgerückter Stunde sehen wir dann auch immer mehr Heavy Metal Rocker, die in Gruppen zusammenstehen, oder die in der Zwischenzeit fünfzig- bis sechzigjährigen Hell's Angels mit ihren neuesten Motorrädern. Außerdem treffen zahlreiche Obdachlose ein. Viele Besucher haben keinerlei Beziehung mehr zum früheren Hollywood; sie wissen, daß der Hollywood Blvd. das Symbol vergangener Stars und Filmzeiten ist, die ihnen kaum noch etwas bedeuten. Ihre heutigen Stars verkehren dort nur selten. Dennoch ist der Hollywood Blvd. auch heute noch, ebenso wie zur Zeit der berühmten Emigranten, einen Spaziergang wert.

❽ Roosevelt Hotel
7000 Hollywood Boulevard

Wir beginnen unseren Spaziergang – denn jetzt können wir das Auto abstellen – beim Hollywood Roosevelt Hotel. Dieses elfstöckige, 1927 vorwiegend im spanischen Kolonialstil erbaute Hotel, das nach dem Präsidenten Theodore Roosevelt benannt wurde, wurde mehrere Male umgebaut, bis es 1985 wieder seine alte, dekorative Gestalt erhielt. 1929 fanden hier die ersten Oscar-Verleihungen statt, bei denen Emil Jannings, der 1926 bis 1929 in Hollywood lebte, eine Doppelverleihung für die Filme *The Way of all Flesh* (*Der Weg allen Fleisches,* 1927) und *The Last Command* (*Der letzte Befehl,* 1928) erhielt. Die Oscars, die zu den begehrtesten Preisen der Filmbranche zählen, werden von der Academy of Motion Picture Arts and Sciences verliehen. Für jede Kategorie (bester Film, beste Regie, bester Hauptdarsteller, beste Hauptdarstellerin, bestes Drehbuch, beste Kamera ...) gibt es fünf Nominierungen, die von den Academy Mitgliedern der jeweiligen Sparte gewählt werden und aus denen der Preisträger danach von allen Mitgliedern gekürt wird. Der Oscar heißt eigentlich Academy Award; sein geläufigerer Name soll daher stammen, daß die Statue eine Mitarbeiterin der Academy an ihren Onkel Oscar erinnerte.
Ein Blick in die große Empfangshalle und ein Spaziergang entlang der Wandelgänge im ersten Stock vermitteln uns nicht nur den Eindruck harmonischer Innenarchitektur; durch Wandfotos und Filmgeräte (alte Filmkameras usw.) erfahren wir auch ein Stück Hollywooder Geschichte. Und da in diesem Hotel viele wichtige Tagungen, Konferenzen und Empfänge stattfinden, begegnen wir vielleicht auch der einen oder anderen Berühmtheit. Schließlich verkehren die großen Stars schon seit Jahrzehnten in diesem Hotel.

❾ Mann's Chinese Theater
6925 Hollywood Boulevard

Gegenüber dem Roosevelt Hotel befindet sich das berühmteste Kino der Welt, Mann's (früher Grauman's) Chinese Theater. Das Äußere dieses 1927 von Sid Grauman, dem für viele Jahrzehnte bedeutendsten Förderer Hollywoods, in Auftrag gegebene Filmtheaters stellt eine phantasievolle Nachbildung eines chinesischen Tempels mit Pagodendach dar. Zwei mächtige Steinhunde bewachen den »Tempel«, und innen finden wir die verschiedensten chinesischen Ausstattungen: Säulen, Vasen, Teppiche, Ornamente, Wandmalereien, wobei die Eingangshalle und das Auditorium mit circa 1500 Sitzplätzen ebenfalls in chinesischer Architektur gehalten sind. Die meisten Bauelemente und Einrichtungsgegenstände des Gebäudes wurden direkt aus China importiert. Berühmt ist das Kino jedoch wegen der in Zement gegossenen Fuß- und Handabdrücke von umjubelten Filmstars, die sich auf dem Vorplatz befinden, und der Autogramme von Filmgrößen, unter denen sich Hildegard Knef als Hildegarde Neff und Oskar Werner verewigt haben.

Nicht alle abgenommenen Fußstapfen sind vor dem Filmtheater zu sehen, viele sind in der Zwischenzeit im Keller verschwunden oder haben von Anfang an nicht das Tageslicht erblickt. Entscheidend ist, welches Ansehen ein Star genießt oder wie bekannt er noch ist, was natürlich einer subjektiven Bewertung unterliegt. Die Auswahl für die Zementabdrücke bestimmt ein vom Mann's Chinese Theater ernanntes anonymes »Expertenkomitee«.
Heute ist das Chinese Theater das einzige Uraufführungskino in Hollywood, das seine ursprüngliche Gestalt aus der »goldenen Zeit« des Films behalten hat. Die anderen großen Filmtheater auf dem Hollywood Blvd. wurden entweder in mehrere Kinos aufgeteilt oder umgebaut oder werden als Musical- und Schauspieltheater verwendet. Außerdem finden heute viele Uraufführungen in anderen Stadtteilen des Los Angeles County statt, besonders in Westwood oder Beverly Hills.
Ganz unverändert ist allerdings auch das Chinese Theater nicht geblieben: Die Mann Theater Corporation, der das Grauman's Chinese Theater seit 1972 gehört, hat zwei weitere Kinos angebaut.

Mann's Chinese Theatre.

Ein Stern am Walk of Fame.

⑩ The Walk of Fame

Während wir auf dem Hollywood Blvd. in östlicher Richtung weitergehen, sehen wir auf beiden Fußgängerseiten Sterne (Stars), in die Namen berühmter Künstler eingraviert sind. Dieser Walk of Fame nahm Ende der fünfziger Jahre seinen Anfang. Künstler oder Agenturen schlagen die Kandidaten vor, und ein Komitee der Hollywood Chamber of Commerce entscheidet über ihre Qualifikation. Im Fall einer Wahl müssen vom Kandidaten, einem Mäzen oder einer Organisation 3000 Dollar aufgebracht werden – dann bekommt der weibliche oder männliche Schauspieler, Kameramann, Regisseur, Sänger, Komponist usw. einen Stern. Über 2000 Namen von Künstlern sind bisher eingraviert.

⑪ El Capitan Theatre 6834 Hollywood Boulevard

Das mächtige El Capitan Theatre und Bürohaus ist berühmt wegen seiner ostindischen Innenausstattung und durch seinen ausgeprägten, stark ornamentierten Churriguerismus der Außenfassade, in die Figuren aus der

Ankündigung der *Wilhelm Tell*-Inszenierung, 1939.

Darsteller der *Wilhelm Tell*-Inszenierung, 1939.

Welt des (vorwiegend Shakespearschen) Theaters eingemeißelt wurden.

In diesem Theater inszenierte 1939 der große deutsche Theaterregisseur Leopold Jessner (1878–1945), der 1933 in die USA emigrierte, Schillers *Wilhelm Tell* auf englisch mit Exilschauspielern aus New York und Los Angeles. Die Aufführung sollte dem gerade gegründeten Unternehmen »The Continental Players«, dem William Dieterle vorstand und das Persönlichkeiten wie Thomas Mann förderten, zum Erfolg verhelfen. Doch die Darbietung fiel beim Publikum durch. Der Grund dafür lag darin, daß die Amerikaner mit Schillers Freiheitspathos nichts anzufangen wußten und auch mit dem *Tell*-Stoff kaum vertraut waren; außerdem war Jessners expressionistischer Regiestil, den er auf Hollywood übertragen wollte, für das Publikum zu fremd, vielleicht sogar zu antiquiert. Vor allem aber gab es Probleme mit der Sprache. Viele Schauspieler lernten ihre Rollen nur phonetisch, verstanden aber nicht, was sie sprachen, da sie kaum Englisch konnten. Der noch heute rüstige, über neunzigjährige Schauspieler und Regisseur Walter Wicclair (eigentlich Walter Weinlaub), der 1933 aus Deutschland geflohen war und mit der von ihm gegründeten Freien Bühne in Hollywood ebenfalls Theatergeschichte gemacht hat, schrieb darüber: »Als ich hörte, daß das Stück noch nicht völlig besetzt sei, ging ich zum El Capitan Theatre, um eventuell einen Eidgenossen zu mimen [...] Mein Englisch war noch gleich Null,

Darsteller der *Wilhelm Tell*-Inszenierung, 1939.

aber ich glaube, was dort oben gesprochen wurde, hatte mit dieser Sprache auch nicht viel zu tun. Als die Probe begann und meine großen Kollegen englisch stotterten und eine Sprachlehrerin jeden Satz verbesserte, brach mir der Schweiß aus allen Poren [. . .] Ich vergaß, daß ich mich eigentlich hatte bewerben wollen, und schlich aus dem Theater.«

Nach drei Aufführungen wurde das Stück abgesetzt, und The Continental Players wurden aufgelöst. Dabei hatten sich die Mitwirkenden dieser *Tell*-Aufführung in Deutschland bereits einen Namen gemacht: Ernst Deutsch spielte den Geßler, das Bühnenbild stammte von Rudi Feld, die Musik schrieb Ernst Toch, das Orchester dirigierte Ingolf Dahl.

Walter Wicclair gründete im gleichen Jahr die Freie Bühne, spielte aber in kleineren Theatern und zunächst nur auf deutsch. Dadurch konnte er sich besser durchsetzen. Auch bei ihm wirkten namhafte Künstler mit, so zum Beispiel die Wiener Schauspielerin und Kabarettistin Gisela Werbezirk.

⑫ Christie Hotel 6724 Hollywood Boulevard

Das einstmals legendäre und von vielen Emigranten besuchte Christie Hotel gehört heute den Scientologisten. Die Scientologisten besitzen noch zwei weitere große Gebäude auf dem Hollywood Blvd. und werden auch andernorts in Los Angeles durch den Erwerb großer historischer Gebäudekomplexe immer sichtbarer. Das

Christie Hotel wurde 1920 erbaut und war eines der ersten Hotels, in dem fast jedes der hundert Zimmer ein eigenes Bad und anderen, damals modernen Komfort besaß.
Vom Christie Hotel aus war auch der exklusive New Yorker Club zu erreichen, der sich unter dem Hollywood Blvd. befand.

⑬ Max Factor Building and Beauty Museum 1668 Highland Avenue

Die schöne Welt des Scheins kommt ohne Make-up nicht aus. Es war der aus Rußland emigrierte Max Factor, der 1914 für den Schwarzweißfilm und später für den Farbfilm in Downtown Los Angeles das Make-up für den Film erfand und Ende der zwanziger Jahre nach Hollywood übersiedelte. Dort, auf der Highland Ave., einige Meter südlich vom Hollywood Blvd., eröffnete er seinen ersten großen Hollywooder Kosmetiksalon. Heute ist das Gebäude Verkaufssalon und Museum für Make-up. In dem Museum finden wir Make-up-Räume für »Brunette only«, für »Blond only«, für »Red Hair only«, die die jeweils geeignete Schminke vorstellen

Else Baeck-Neft als Marte und Walter Wicclair als Mephisto in der *Urfaust*-Inszenierung der Freien Bühne, 1949.

und auch in den Farben der Wände den wirkungsvollsten Kontrast zeigen: Rosa für »Brunette«, Hellblau für »Blond« usw. Und alles schwelgt in Art deco. Außerdem finden wir die genauen Schädelnachbildungen berühmter Stars, die Max Factor anfertigte, damit die gewünschten Perükken prompt geliefert werden konnten. Zudem sehen wir seine Schönheitsmaschine, die an eine mittelalterliche Folterkonstruktion erinnert, aber dazu diente, mittels Make-up ein perfektes, gleichmäßig proportioniertes Gesicht zu kreieren: Die Stirn nahm ein Drittel ein, ein weiteres Drittel reichte von Nasenansatz bis Nasenspitze, das letzte Drittel von Nasenspitze bis Kinn, und die Augen mußten um genau eine Augenweite auseinanderliegen. Max Factor preßte die Köpfe der weiblichen Stars in diese Maschine, die ihm half, durch Schminke und Haarfrisur das Hollywooder Einheitsgesicht herzustellen. Das Museum zeigt auch die von Max Factor erfundene Kußmaschine, mit deren Hilfe er die Stärke eines Kusses genau erproben konnte, so, wie es sich für Star und Lippenstift geziemt: Fünf Pfund Druck auf jeder Seite galt als ideal; war der Druck größer, geriet der Kuß zu sinnlich; war der Druck geringer, schien der Kuß zu oberflächlich. Schließlich erfahren wir auch noch, daß Marlene Dietrich, die bereits 1930 nach Hollywood kam und es ablehnte, nach Nazi-Deutschland zurückzukehren, auf dem Höhepunkt ihrer Schauspielkarriere, in den dreißiger und vierziger Jahren, die Bedingung stellen konnte, daß in ihre Perücken (sie spielte fast nur mit Perücken) jedesmal für sechzig Dollar echtes Gold eingestreut wurde. Sechzig Dollar waren damals eine beachtliche Summe; aber Frau Dietrich wollte, daß ihr Blond noch mehr glitzerte, als Natur und Farben es zustande zu bringen vermochten. Dennoch gehörte sie auch zu jenen Stars – was wiederum für ihre Einfachheit spricht –, die während des Zweiten Weltkriegs in der Hollywood Canteen, dort, wo heute das Parkhaus des CNN-Gebäudes mit der Nummer Sunset Blvd. 6430 steht, vor amerikanischen Soldaten nicht nur sangen und spielten, sondern auch deren Geschirr spülten und das freie Essen und die freien (nichtalkoholischen) Getränke servierten. Marlene Dietrich war überhaupt gegenüber anderen, insbesondere Emigranten, aber auch gegenüber ihrem neuen Vaterland, sehr hilfsbereit: Sie spendete und sammelte Geld, und sie trat während des Zweiten Weltkriegs unter Hintansetzung ihrer eigenen Karriere und unter großen Strapazen an allen Fronten vor amerikanischen Soldaten auf.

Wir überqueren den Hollywood Blvd. und werfen dabei einen Blick auf den gegenüberliegenden neogotischen Turm der Security Pacific Bank, der den gesamten Boulevard überragt und bereits 1927 errichtet wurde. Nachts angestrahlt, bietet er einen faszinierenden Eindruck. Wie die Security Pacific Bank befindet sich auch das Hollywood Wax Museum auf der nördlichen Seite des Boulevards.

⑭ Hollywood Wax Museum 6767 Hollywood Boulevard

Vom Make-up der Stars bis zu ihrer Nachbildung in Wachs ist es nur ein kleiner Schritt. Das Hollywood Wax Museum ist in einem einstöckigen Gebäude im spanischen Kolonialstil mit deutlichen Anklängen an den Churriguerismus untergebracht. Im ersten Stock befand sich vor einigen Jahrzehnten ein Privatklub der Stars und später die bekannte Lee-Strasberg-Schauspielschule.

Lee Strasberg baute auf den Theorien des russischen Regisseurs Konstantin S. Stanislawski auf und unterrichtete mit einer »method acting« genannten Methode zahlreiche berühmte Schauspieler (z. B. James Dean).

Die Wachsfiguren verkörpern neben Schauspielern und anderen Künstlern auch USA-Präsidenten, Diktatoren und Folterknechte. Sie alle sind so schlecht nachgebildet, daß man schon aus diesem Grund einen Besuch wagen sollte. Man wird feststellen, daß selbst der schlechteste Hollywood-Film noch bessere Qualität aufweist als diese im Namen von Madame Tussaud gezeigte Wachsfigurenparade. Das Gebäude selbst stammt aus dem Jahr 1928.

⑮ Montmartre Café 6763 Hollywood Boulevard

An das Wax Museum schließt sich das einstöckige Gebäude des einstmals berühmten Nachtlokals, Montmartre Café, an. Es wurde 1923 im italienischen Renaissancestil errichtet. Das Restaurant befand sich im ersten Stock und war nicht nur nachts, sondern auch mittags und abends geöffnet. In seiner gepflegten Atmosphäre verkehrten viele der berühmtesten Stars und Emigranten, die in Smoking und Abendkleid erschienen. Bing Crosby begann in diesen Räumen seine Karriere. Heute steht der erste Stock leer, und im unteren Teil befindet sich ein Souvenir- und T-Shirt-Geschäft.

⑯ Pig 'N Whistle 6718 Hollywood Boulevard

Eine ähnlich tragische Geschichte des Verfalls wie das Montmartre Café erlebte auf der gegenüberliegenden Seite des Boulevards das Restaurant Pig 'N Whistle. Es war ebenfalls ein berühmter Treffpunkt von Stars und Emigranten und ist heute nur noch ein Pizzalokal. Die Außenfassade und das Vordach, die viele Ornamente aufweisen, sind erhalten, doch von der Innenausstattung ist selbst die Decke nicht mehr im Original vorhanden.

⑰ Egyptian Theater 6712 Hollywood Boulevard

Ebenfalls nicht mehr im Original erhalten ist das angrenzende Egyptian Theater, das 1922 von Sid Grauman in Auftrag gegeben wurde. Obwohl es noch viele Elemente der früheren »ägyptischen« Außen- und Innenarchitektur beibehalten hat (zum Beispiel den Sandanstrich sowie die alten »ägyptischen« Fresken, Säulen und

Apartmenthaus, in dem ab 1942 Leonhard Frank wohnte, heute.

Figuren), wurde es doch öfters renoviert, aber nicht restauriert. Im Vorgarten sind auch die orientalischen Geschäfte nicht mehr vorhanden, die in den ersten Jahrzehnten, in denen sich Hollywood zur Filmmetropole entwickelte, von vielen Stars aufgesucht wurden.

Wir unternehmen nun einen kleinen Abstecher in die eher langweiligen Nebenstraßen des Hollywood Blvd. und stoßen zwischen der Yucca St., wo in dem Haus 6500 der Schriftsteller Leonhard Frank (1882–1961) einige Jahre gelebt hat, und der Franklin Ave. auf zwei große alte Apartmenthäuser.

⓲ 1842 Cherokee Avenue

In einem der Apartmentkomplexe, die noch unverändert erhalten sind, haben zwischen 1941 und 1942 Alfred Döblin (1878–1957), Leopold Jessner und der Schauspieler Alexander Granach (1890–1945) gewohnt.

Die beiden Apartmenthäuser auf der Cherokee Ave. zeigen deutlich die Nüchternheit früherer amerikanischer Großstadthäuser, wie wir sie auch in anderen Großstädten der USA finden. Heute baut man zumindest in Los Angeles freundlicher und abwechslungsreicher. Die Welt der Palmen und der südlichen Sonne wird mit einbezogen. Döblin, der 1940 in die USA kam und bereits 1945 nach Deutschland zurückkehrte, zog anschließend nach 901 Genesee St. und einige Monate später nach 1347 Citrus Ave. Granach, der unter anderem in *Ninotschka* (1939) und *For Whom the Bell Tolls (Wem die Stunde schlägt, 1943)* mitspielte, wohnte ab 1944 1844 El Cerrito Pl. und Jessner ab 1942 660 Cloverdale Ave. Alle vier

Apartmenthaus an der Cherokee Ave., in dem 1941/42 Alfred Döblin, Leopold Jessner und Alexander Granach wohnten, heute.

Speiseräume des Restaurants Musso & Frank Grill.

Adressen sind durch kurze Abstecher zu erreichen.
Gehen wir zurück zum Hollywood Blvd.

⑲ Musso & Frank Grill
6667 Hollywood Boulevard

Zu den auch heute noch berühmten Treffpunkten in Hollywood gehört das 1919 eröffnete Restaurant Musso-&Frank Grill. Es wurde später, höchstwahrscheinlich 1937 (s. S. 13), umgebaut und zum heutigen Restaurant erweitert. Es ist seitdem, von einigen kleinen Veränderungen abgesehen, innen wie außen in diesem Zustand erhalten geblieben. Die berühmte »Bar der Autoren«, die früher im hinteren Teil des ursprünglichen Raumes war, befindet sich heute an der Längsseite des später hinzugefügten Speiseraums. Aber es gibt noch immer die alte, lange Theke. Auch sonst finden wir nach wie vor die früheren Balkendecken, die Holznischen mit Kleiderhaken, die roten Sitze und andeutungsweise noch den ursprünglich im Régencestil errichteten Eingang. Auch die Speisekarte entspricht noch dem alten Stand: Steaks, Hühnerpastete, Rindsgulasch, Kotelett mit den dazupassenden Beilagen. Allerdings gibt es keine kostenlosen Vor- und Nachspeisen mehr.
Bei Musso & Frank trafen sich William Faulkner, Ernest Hemingway, F. Scott Fitzgerald, Raymond Chandler, Aldous Huxley, Christopher Isherwood sowie alle Schriftsteller aus

dem amerikanischen Osten, die in Los Angeles ein Restaurant suchten, das an die Treffpunkte in New York erinnerte. Will man den Touristenführern der Hollywood Heritage Inc. glauben, verkehrte hier auch Bertolt Brecht, obwohl wir aus seinem damals entstandenen *Arbeitsjournal* nicht erfahren wie oft. Auch werden die eben genannten Stammtischautoren von Brecht entweder gar nicht oder eher negativ erwähnt: »meinungen, die ich eher nicht teile: – daß hemingway ein gehirn hat.« Musso & Frank steht noch immer in dem Ruf, das bekannteste Stammlokal amerikanischer Autoren in Hollywood zu sein. Wenn wir hier nicht zu Abend essen wollen, sollte man wenigstens am Nachmittag etwas trinken.

Wenn wir auf der nördlichen Seite des Hollywood Blvd. weiter in Richtung Osten gehen, kommen wir sehr bald zu einem neuen Einkaufszentrum mit einem breiten Weg in der Mitte, an dessen Ende ein altes Haus im viktorianischen Stil steht.

⑳ Janes House
6541 Hollywood Boulevard

Dieses Gebäude ist das älteste Haus Hollywoods und war noch vor einigen Jahren näher am Boulevard gelegen und von Blumen, Büschen und einem kleinen Parkplatz umgeben. In dem 1903 erbauten Gebäude wohnten drei

Janes House in den 20er Jahren, als es noch als Schulgebäude genutzt wurde.

Schwestern, die dort eine Schule eingerichtet hatten. Die Kinder von C. B. DeMille, Charlie Chaplin und Carl Laemmle gingen in diese Schule. Die eine der drei Schwestern ist hochbetagt erst 1982 gestorben.
Das Janes House stand bereits, als hier, wo jetzt der Hollywood Blvd. verläuft, noch eine alte Eisenbahn durch die Felder zog und nur gelegentlich ein einsames Haus passierte.

㉑ Pacific Hollywood Building 6433 Hollywood Boulevard

Wir sehen noch viele Gebäude, die aus verschiedenen Stilelementen bestehen, wenn wir weiter Richtung Osten gehen. Eines der markantesten ist das dreistöckige Pacific Hollywood Building, das eine Mischung aus italienischer Renaissance, spanischem Barock, Neogotik und Art deco aufweist. Früher beherbergte es eines der größten Filmtheater Hollywoods, das Warner Brothers gehörte, heute ist es in drei immer noch überdurchschnittlich große Kinos aufgeteilt. Die Eingangshalle mit ihren Wandskulpturen und ihrer spanisch-maurischen Deckenverzierung wirkt auf den Besucher faszinierend. Auch sonst ist noch manches von der ursprünglichen Innendekoration erhalten geblieben. 1995 soll in diesem Gebäude das große Hollywood-Museum eröffnet werden. Allerdings sucht man noch Geldgeber, so daß mit einer baldigen Eröffnung kaum zu rechnen ist.

㉒ Kreuzung Hollywood Boulevard und Vine Street

Als das eigentliche Zentrum des alten Hollywood gilt die Kreuzung von Hollywood Blvd. und Vine St., wo wir einen Moment verweilen sollten. Am besten stellen wir uns an die nordöstliche Ecke, dorthin, wo sich ein einstöckiges, zur Zeit leerstehendes, umgestaltetes Gebäude von Richard Neutra befindet, in dem demnächst das Restaurant Brown Derby untergebracht werden soll. Gegenüber, auf der südwestlichen Seite, sehen wir das achtstöckige Broadway-Department-Store-Gebäude mit seinen verschiedenen Stilrichtungen. Im wesentlichen weist es Renaissanceelemente auf, enthält aber auch angefügte korinthisch verzierte Wandpfeiler sowie »klassische« Simse, die den alten Bau mit dem im International Style gehaltenen, fünfstöckigen Anbau längs des Hollywood Boulevards verbinden. Echte Tragsäulen stützen dagegen die Loggien der obersten Stockwerke. Seit Jahren ist das Gebäude ein wichtiges Geschäftszentrum, früher enthielt es ein Restaurant, das oft von Emigranten besucht wurde.
An der südöstlichen Ecke befindet sich das elfstöckige Hollywood Taft Building, ebenfalls im Neorenaissancestil mit Betonverstärkung, Ziegeleinlagen und korinthischen Säulen. Es wird teilweise auch als neoklassisch beschrieben. Hier befinden sich ebenfalls wichtige Geschäftsunternehmungen und Büros. Es enthielt früher zahlreiche Filmagenturen.
Das historisch und architektonisch in-

teressanteste Gebäude ist jedoch das elfstöckige Hollywood Equitable Building an der nordöstlichen Ecke. Es enthält sowohl neogotische, neoklassische als auch Art deco-Elemente an seiner Außenfassade. In diesem Gebäude befand sich zwischen 1933 und Anfang der fünfziger Jahre das sogenannte Hays Office, die moralische Selbstzensurinstanz Hollywoods, der sich in den dreißiger, vierziger und frühen fünfziger Jahren alle Filmstudios unterwarfen. Erst der aus Österreich emigrierte Regisseur und Produzent Otto Preminger (1906–1986) wagte es 1953, für seinen Film *The Moon Is Blue (Die Jungfrau auf dem Dach)* die Zensurinstanz zu umgehen. Er benutzte die damals verbotenen Wörter »Jungfrau« und »schwanger« und wurde deswegen heftig angegriffen. Der eigentliche Durchbruch Premingers gegen den Hays Code kam aber erst 1959, als er in dem Film *Anatomy of a Murder (Anatomie eines Mordes)* sogar Wörter wie »Geschlechtsverkehr«, »Empfängnisverhütung«, »Samenbildung«, »Orgasmus« benutzte.

Doch was hatte es mit dem Hays Code auf sich? Als Reaktion auf Sexskandale in der Filmwelt und die unterschiedliche moralische Beurteilung der Filme in den einzelnen Bundesländern der USA gründete Hollywood 1922 die Organisation der Motion Picture Producers and Distributors of America. Präsident dieses Instruments zur Selbstkontrolle wurde Will Hays, nach dem dann das Office und der Code benannt wurden. Der erste Produktionskodex (Production Code) entstand 1930; er wurde aufgrund einer vor allem von katholischer Seite getragenen Bewegung gegen die Unmoral im Film 1934 verschärft. Wer sich diesem Code nicht unterzog, erhielt keine offizielle Verleihlizenz, was für einen Film tödlich war, auch wenn es in einem 1944 verfaßten Vorwort hieß, niemand sei gezwungen, diesen Code zu akzeptieren. Die folgenden zwölf Beispiele sollen belegen, wie streng der Code war:

1. Ausgiebiges und begieriges Küssen, lustvolles Umarmen sowie das Andeuten zweideutiger Positionen und Gesten dürfen nicht gezeigt werden.
2. Leidenschaften müssen derart behandelt werden, daß sie nicht die niederen (körperlichen) und unedlen Emotionen anregen.
3. Sexuelle Beziehungen zwischen der weißen und der schwarzen Rasse sind verboten!
4. Geschlechtskrankheiten dürfen nicht als filmisches Objekt benutzt werden.
5. Die Geburt eines Kindes darf weder direkt noch als Silhouette gezeigt werden.
6. Brutales Töten darf nicht im Detail gezeigt werden.
7. Diebstahl, Raub, Einbruch sowie Schmuggeln dürfen nicht methodisch und in Details vorgeführt werden.
8. Sexuelle Perversionen sowie deren bloße Erwähnungen sind verboten.
9. Tanzen, das sexuelle Aktionen oder unwürdige Leidenschaften darstellt oder andeutet, ist verboten.

Kreuzung Hollywood Boulevard und Vine Street in den 30er Jahren.

10. Tanzen an sich ist als Kunst sowie Ausdrucksschönheit menschlicher Gefühle zu akzeptieren. Doch Tanzen, das im Solo oder in der Gruppe sexuelle Aktionen vertritt oder andeutet, sowie Tanzen mit Bewegen der Brüste oder Bewegung des Körpers, während die Füße stillstehen, verletzt den guten Geschmack und ist falsch.

11. Witze, die bekannt sind als Witze von Handlungsreisenden und Bauerntöchtern, sind verboten.

12. Wörter wie Gott, Jesus (als Schimpfwörter), Jungfrau (außer Jungfrau Maria), schwanger, Geschlechtsverkehr, Schlampe, Hure, Kuh (bezogen auf eine Frau) usw. sind nicht erlaubt.

Außerdem ging das Hays Office, das die Einhaltung des Codes überwachte, sogar so weit, daß es die allgemein gehaltenen Anweisungen noch ganz konkret verschärfte. So durften nicht einmal Eheleute, selbst wenn sie völlig angezogen waren (man durfte sowieso nur bekleidet ins Bett gehen), in einem gemeinsamen Bett liegen, nur weil der Hays Code vorschrieb: »Bestimmte Plätze, die direkt mit dem sexuellen Leben oder der sexuellen Sünde verbunden sind, müssen in ihrem Gebrauch vorsichtig umgangen werden.« Selbst zwischen

Ehebetten stand deshalb immer ein Nachttisch. Viele der aus Europa emigrierten Filmkünstler hatten Schwierigkeiten mit diesem Code. Doch kehren wir vom Hays Code wieder in die Gegenwart zurück.

㉓ Pantages Theater 6233 Hollywood Boulevard

In Richtung Osten hinter dem Hollywood Equitable Building befindet sich das restaurierte Pantages Theater, das zu den markantesten Art deco-Gebäuden der Stadt zählt. Das 1930 errichtete Theater war ursprünglich ein Kino, mit seinen 2812 Sitzplätzen sogar das größte auf dem Hollywood Blvd., seit einigen Jahrzehnten werden dort jedoch Musicals und Schauspiele aufgeführt.

Pantages Theater, 1939.

㉔ Florentine Gardens
5951 Hollywood Boulevard

Weiter östlich liegt Florentine Gardens, ein interessantes »italienisches« Gebäude, das noch fast original erhalten ist, aber jetzt eine Diskothek beherbergt. Es war früher mehr das Nachtlokal der »einfachen« Leute, obwohl berühmte Orchester, Stars und Zirkusleute auftraten. 1942 feierte in diesem mit fünfhundert Sitzplätzen ausgestatteten Restaurant-Nachtlokal eine gewisse Norma Jean Baker ihre Hochzeit mit dem Fabrikarbeiter Jim Dougherty. Die Welt kennt diese Norma unter dem Namen Marilyn Monroe.

Kehren wir noch einmal zurück zur Ecke Hollywood Blvd./Vine St. und spazieren die Vine St. entlang, zunächst einige hundert Meter in nördlicher Richtung. Auf der westlichen Seite finden wir einen größeren Parkplatz.

㉕ Ontra Café
1725 Vine Street

Hier befand sich bis 1990 das einstökkige, im Churriguerismus gehaltene, spater durch Metallverschalungen gestützte Ontra Café. Ursprünglich ein Postgebäude, wurde es 1935 Café und war der Stammplatz von Aldous Huxley, der dort mit Freunden und Gästen zahlreiche Debatten über die Gegenwart und Zukunft der Welt führte. Als dieses Gebäude unter Denkmalschutz gestellt werden sollte, fiel es einem mysteriösen Brandanschlag zum Opfer.

㉖ The Palace
1735 Vine Street

Neben dem ehemaligen Ontra Café befindet sich The Palace. Dieses 1927 als Hollywood Playhouse mit spanischer Barockfassade und einer Art deco-Eingangshalle gegründete Theater hat viele Funktionswandlungen durchlebt: Es wurde als Theater genutzt, dann als Aufführungsort für Revuen, anschließend für Radio- und später für Fernsehshows. Heute dient es als Mehrzwecktheater: Rock- oder Jazzkonzerte, Revuen oder wiederum Fernsehshows finden hier statt. Raquel Welch begann hier als Nummernmädchen (sie hielt die Karte für die jeweilige Shownummer in die Höhe) ihre Karriere. Viele Emigranten besuchten früher die Veranstaltungen im Hollywood Playhouse.

㉗ Capitol Records
1750 Vine Street

Schräg gegenüber vom The Palace befindet sich das weithin sichtbare, 1956 errichtete und fünfzig Meter hohe Rundgebäude der Schallplattenfirma Capitol Records. Das Gebäude soll an aufeinandergestapelte Schallplatten erinnern. Die großen Aufnahmestudios liegen unterirdisch. Als neues Wahrzeichen Hollywoods verdient es, erwähnt zu werden.

Wir kehren jetzt zum Hollywood Blvd. zurück und erforschen die Vine St. nunmehr in südlicher Richtung.

㉘ James A. Doolittle Theatre 1615 Vine Street

Das James A. Doolittle Theatre blickt auf eine wechselvolle Geschichte zurück. Es wurde 1927 als Vine Street Theater gegründet, später, während des Siegeszugs des Radios, als CBS Playhouse Theater für Radioshows genutzt und erhielt ab 1954 unter dem Namen Huntington Hartford Theater wieder seine ursprüngliche Bedeutung als Schauspieltheater zurück, was es bis heute geblieben ist.

㉙ Brown Derby Restaurant 1614/28 Vine Street

Gegenüber vom Doolittle Theatre sehen wir noch immer einen Teil des vor einigen Jahren abgebrannten weltberühmten Brown Derby Restaurants, das 1929 im spanischen Kolonialstil erbaut wurde und an viele der mexikanischen Restaurants und Gebäude in Los Angeles, Santa Barbara oder San Diego erinnert. In den dreißiger und vierziger Jahren war dieses Brown Derby Restaurant der berühmteste Treffpunkt der Stars. Viele Anekdoten und Episoden sind mit diesem Ort verbunden. Es war aber nicht das erste Brown Derby Restaurant; dieses stand mit seiner charakteristischen, großen braunen Kuppel am 3377 Wilshire Blvd., gegenüber dem noch bis vor einigen Jahren geöffneten Ambassador Hotel. 1980 wurde das 1926 erbaute Restaurant geschlossen, und nur die Kuppel hat man erhalten und auf ein neues Restaurant gesetzt.

Das Hollywooder Brown Derby fiel, als es wie das Ontra Café unter Denkmalschutz gestellt werden sollte, ebenfalls einem mysteriösen Brandanschlag zum Opfer. Ein neues Brown Derby soll, wie wir bereits erwähnt haben, in dem leerstehenden, umgebauten Neutra-Gebäude an der nordwestlichen Ecke von Hollywood Blvd. und Vine St. demnächst eingeweiht werden.

Zum Abschluß des ersten Rundgangs können wir zum Abendessen entweder in das Musso & Frank Grill Restaurant oder in das japanische Restaurant Yamashiro auf den Hollywood Hügeln gehen. Vielleicht finden wir aber auch ein Mitglied des Magic Castle, 7001 Franklin Ave., und speisen im Zentrum der Zauberkünstler, wobei wir mit Zaubertricks unterhalten werden. Nur Mitglieder oder ihre Gäste haben Zutritt. Da das bizarr wirkende Magic Castle auf dem Weg zum Yamashiro liegt, können wir anschließend oben auf den Hügeln noch etwas Exotisches trinken und Hollywood bei Nacht betrachten.

Die Brüder Kohner vor einem Wandgemälde in Hollywood, Anfang der 80er Jahre.

Zweite Fahrt
Vom Sunset Boulevard zum Griffith Park

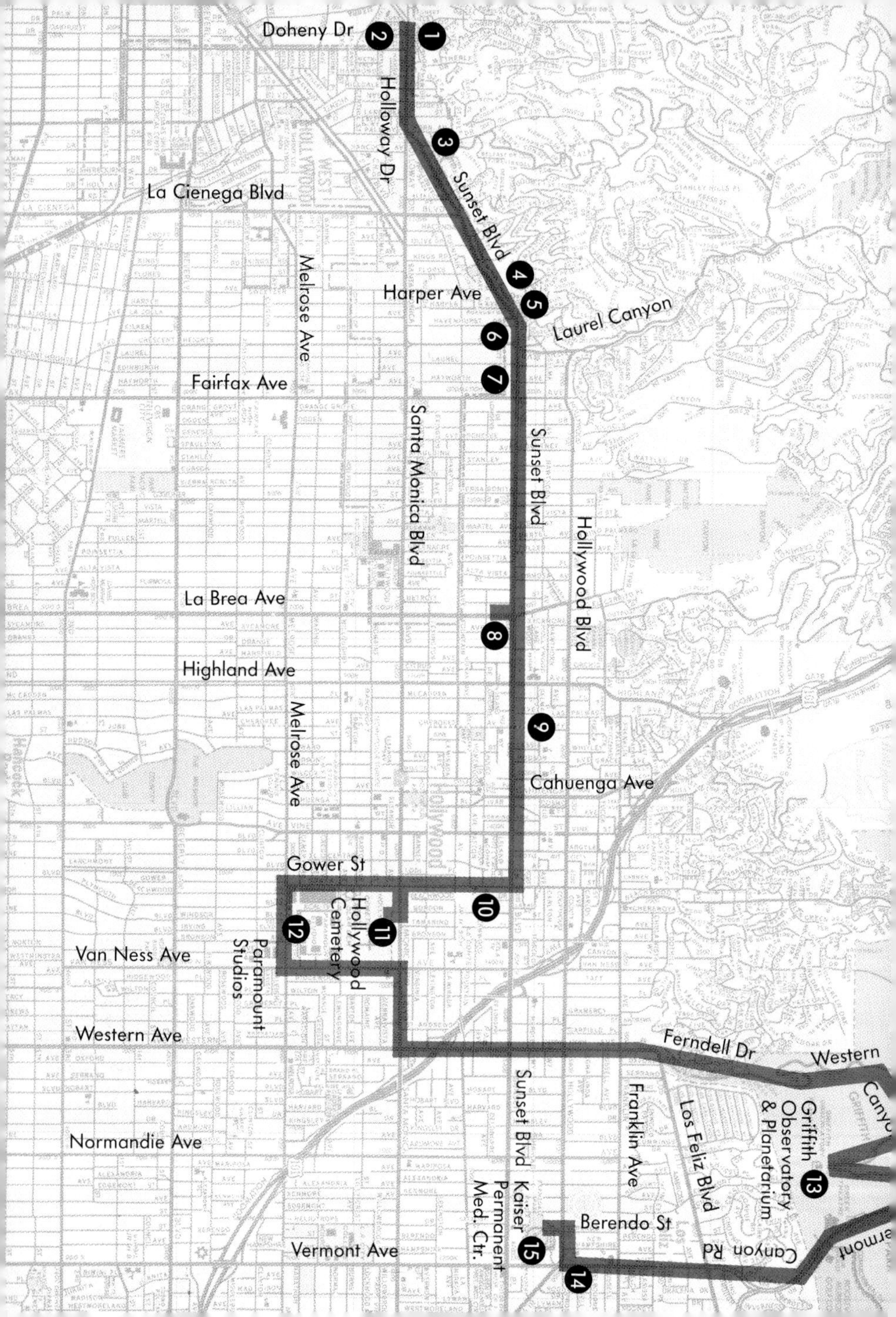
Doheny Dr
1
2
Holloway Dr
3
Sunset Blvd
La Cienega Blvd
Melrose Ave
4
5
Harper Ave
Laurel Canyon
6
7
Fairfax Ave
Santa Monica Blvd
Sunset Blvd
Hollywood Blvd
La Brea Ave
8
Highland Ave
Melrose Ave
9
Cahuenga Ave
Gower St
10
11
Hollywood Cemetery
12
Paramount Studios
Van Ness Ave
Western Ave
Ferndell Dr
Western
Canyo
Sunset Blvd
Franklin Ave
Los Feliz Blvd
Griffith Observatory & Planetarium
13
Normandie Ave
Kaiser Permanent Med. Ctr.
Berendo St
15
Vermont Ave
14
Canyon Rd
ermont

Unsere zweite Fahrt beginnen wir wiederum am Sunset Blvd. Diesmal ist unser Ausgangspunkt die Paul Kohner Agentur, die westlich vom Doheny Dr. liegt.

❶ Paul Kohner Agentur 9169 Sunset Boulevard

Die Agentur befindet sich in einer eher bescheidenen, aber freundlich wirkenden, zweistöckigen Art deco-Villa, die 1934/35 von dem afroamerikanischen Architekten Paul Williams zunächst als Pelzgeschäft gebaut wurde. Doch seit 1940 wurde in ihr dank Paul Kohner Hollywood-Geschichte gemacht.

Der Aufstieg des 1902 geborenen Paul Kohner hing in erster Linie mit seiner Persönlichkeit zusammen. Schon in frühester Jugend zeichnete er sich durch mutiges Handeln, blitzschnelles Denken, Erfassen menschlicher Schwächen und Eitelkeiten aus. Außerdem besaß er Charme und Liebenswürdigkeit. Seine Karriere begann 1920 in Karlsbad. Damals weilte der Filmpionier Carl Laemmle zur Kur in dieser Badestadt. Der junge Paul Kohner kam in Vertretung seines erkrankten Vaters, der das erste Kino in Teplitz gegründet hatte und vorwiegend Laemmles Universal-Filme vorführte, und gewann durch mutiges Auftreten und geschicktes Ausnutzen von Laemmles Eitelkeiten und privaten Interessen

Das Gebäude der Paul Kohner Agentur, heute.

(Laemmle war ein leidenschaftlicher Kartenspieler) dessen Sympathien. Laemmle nahm Kohner noch im selben Jahr mit nach Amerika. Dort arbeitete er zunächst im New Yorker Büro der Universal Pictures in der Versandabteilung, wurde aber sehr bald durch wiederum couragiertes Handeln und bahnbrechende Ideen Leiter der gesamten Auslandsvertretung. Sein Mitarbeiter war ein Neffe von Carl Laemmle, der aus dem Elsaß gebürtige und von Schweizer Eltern abstammende, später weltberühmte Regisseur William Wyler.
1924 berief Laemmle Kohner nach Hollywood. Er begann zunächst als Assistent bei kleineren Filmserien, arbeitete aber bald als selbstverantwortlicher Produzent. Seine große Zeit kam mit der Erfindung des Tonfilms. Kohner schlug Laemmle vor, erfolgversprechende Filme in mehreren Sprachen nachzudrehen. (Das heutige Synchronisationsverfahren, das dann der noch heute lebende, 1911 geborene ehemalige Produzent, Cutter und Post-Production Manager bei Warner Brothers Pictures, Rudi Fehr, zur Perfektion führte, wurde erst später populär.) Damit war Kohner auf eine seiner bahnbrechenden Ideen gekommen, die in diesem Fall von fast allen Filmgesellschaften auf-

Lupita Kohner, Paul Kohner und Maurice Chevalier. Drei Emigranten in den 60er Jahren.

gegriffen wurde. Und da bei dieser mehrfachen Nachverfilmung die Kulissen und die Requisiten der Originalversion aus Kostengründen wiederholt genutzt werden mußten, wurden Schauspieler und Regisseure aus den verschiedenen Ländern, sofern sie nicht schon in Hollywood waren, nach Hollywood verpflichtet, um dort französische, spanische oder deutsche Versionen nachzudrehen. Auf diese Weise gelangten auch deutsche Schauspieler und Regisseure, wie zum Beispiel William Dieterle, schon vor 1933 nach Hollywood. Außerdem überwachte Paul Kohner als neuernannter Chef der gesamten Auslandsproduktion von Universal Pictures Filme, die Universal zwischen 1931 und 1933 in Berlin drehte, so zum Beispiel *Der Rebell* von und mit Luis Trenker oder *SOS Eisberg* mit Leni Riefenstahl und Ernst Udet. 1938 eröffnete Kohner eine eigene Agentur zur Betreuung von Künstlern.

Zu den größten Verdiensten von Paul Kohner gehört ohne Zweifel sein Eintreten für die von den Nazis verfolgten Filmschaffenden und Schriftsteller, die besonders nach Ausbruch des Zweiten Weltkrieges, als Hitler auch noch die europäischen Fluchtländer überrollte, auf die USA als Exilland angewiesen waren. Auch hier kam ihm wieder sein Einfallsreichtum zu Hilfe. Da infolge der damaligen Einwanderungsgesetze nur diejenigen in die USA einwandern durften, die eine Quote erhalten hatten und dazu die Bürgschaft eines amerikanischen Bürgen, für ihren Unterhalt aufzu-

Lupita Kohner und die Dolly-Sisters, in den 30er Jahren.

kommen, oder einen Arbeitsvertrag aus den USA vorweisen konnten, wobei keinerlei Rücksicht darauf genommen wurde, ob das Leben der Flüchtlinge bedroht war, kam Paul Kohner 1938 auf folgende Idee: Da bereits in Hollywood etablierte Filmschaffende aus den deutschsprachigen Ländern, wie Ernst Lubitsch, William Wyler, William Dieterle, Fritz Lang, Henry Koster, Geldspenden und Affidavits (Bürgschaften) für gefährdete Filmschaffende in Deutschland besorgten, sollten diese Aktionen in einem eingeschriebenen Verein mit Namen The European Film Fund koordiniert werden. Außerdem sollte dieser Fund steuerfreie Beiträge zur finanziellen Unterstützung jener Eingewanderten sammeln, die ohne Einkommen blieben. Alle neuen Emigranten, die eine Stellung

fanden, sollten ebenfalls Beiträge spenden und Mitglieder des Fund werden.
Obwohl über diesen European Film Fund vorwiegend Filmschaffende gefördert wurden, vermittelte er auch Bürgschaften für andere Künstler. Präsident des European Film Fund war Ernst Lubitsch, die eigentliche Arbeit leisteten neben Paul Kohner Charlotte Dieterle, die Frau von William Dieterle, sowie Elisabeth (Liesl) Frank, die Frau des Autors Bruno Frank und Tochter der berühmten Soubrette Fritzi Massary.
Um auch den nach Ausbruch des Zweiten Weltkriegs in ganz Europa gefährdeten Schriftstellern zu helfen, entwickelte Paul Kohner einen weiteren Plan, den er mit Mitgliedern des European Film Fund besprach und zusammen mit den aus Deutsch-

Charlotte und William Dieterle, zwei Aktive des European Film Fund, 1950.

Frederick Kohner bei einer Lesung im Max Kade Institute, 1976.

land zusammen mit den aus Deutschland stammenden Produzenten Henry Blanke (1901–1981) und Gottfried Reinhardt (geb. 1913), dem Sohn von Max Reinhardt, durchführte. Er überredete die mächtigen Filmbosse, den in Europa gefährdeten Schriftstellern einen Vertrag für ein Jahr mit hundert Dollar pro Woche anzubieten. Sein Bruder Frederick (Friedrich) Kohner (1905–1986), ein bekannter Hollywooder Roman- und Drehbuchautor, schrieb darüber:
»Am nächsten Morgen bat er Jack Warner um eine Unterredung und nahm Henry Blanke mit. Blanke war bei Warners besonders wohlgelitten. Warner hörte sich ihren Appell an. Mein Bruder betonte die Tatsache, daß die meisten gestrandeten Autoren Juden seien. Der Jude Jack War-

ner gewann die Oberhand, und er erklärte sich ohne Zögern bereit, vier von ihnen unter Vertrag zu nehmen. Es war ein vielversprechender Anfang.
Nach dem Erfolg bei Warner fuhr mein Bruder jetzt, voller Zuversicht, zur Culver City hinaus. Um zu Louis B. Mayer vorzudringen, nahm er Gottfried Reinhardt, den erprobten Mayer-Experten, ins Schlepptau. Reinhardt sagte meinem Bruder, bei Mayer müsse man behutsamer zu Werke gehen. L. B.s markantester Charakterzug sei der Drang, sich zwecks Selbstverherrlichung ins rechte Licht zu rücken und Wohltätigkeit mit möglichst geringem Kostenaufwand zu üben – besonders, wenn er seinen Freund Jack Warner dabei übertrumpfen könne.
Und genauso war es. Als Mayer hörte, Jack Warner habe vier Autoren genommen, optierte er sofort für sechs.
Der schwierigste Fall war Harry Cohn bei Columbia.
Cohn war zwar auch jüdischer Abstammung, aber er gehörte zu den verschmähten Juden, die sich in einer Art Haßliebe zum Judentum oft geradezu antisemitisch gebärdeten [...].
›Was kostet mich das?‹ war Cohns erste Frage.
›Hundert in der Woche.‹
›Und Sie kriegen zehn Prozent?‹
›Keineswegs.‹
›Okay‹, sagte Cohn mit überraschender Bereitwilligkeit. ›Was Jack und L. B. können, kann ich schon längst. Ich nehme zehn von den Kerlen.‹
Damit waren praktisch zwanzig Menschenleben gerettet. Innerhalb eines Tages [...].«
Zu diesen »Geretteten« gehörten Friedrich Torberg, Alfred Döblin,

Alfred Döblins Haus, heute. 1347 Citrus Avenue, Nebenstraße des Sunset Boulevard.

Alfred Döblin.

Heinrich Mann, Leonhard Frank, Alfred Polgar, Alfred Neumann, Jan (Hans) Lustig und Walter Mehring. Abgesehen von Jan Lustig, wurde der Jahresvertrag bei keinem erneuert. Den Grund werden wir bei den Ausführungen über Heinrich Mann erfahren. (s. S. 122)

Auch nach 1945 hatte sich Paul Kohner für deutschsprachige Filmschauspieler und Regisseure eingesetzt. Zudem gehörten große Stars wie Lana Turner, Liv Ullmann, Max von Sydow, Charles Bronson, Henry Fonda zu seinen Klienten. Außerdem war er lange einer der ganz wenigen, der die genaue Identität des sagenumwobenen deutschen Schriftstellers B. Traven kannte. Er war sein Agent.

Paul Kohner, dessen Namen die Agentur noch heute trägt, starb 1988 und wurde auf dem Friedhof Hillside Memorial Park (6001 Centinela Ave.) in Culver City beigesetzt. Der Regisseur Billy Wilder und der Schauspieler Charles Bronson trugen zusammen mit anderen Hollywood-Prominenten den Sarg. Für viele Jahre arbeitete auch Paul Kohners jüngster Bruder Walter (geb. 1914) in der Agentur. Er war von Beruf Schauspieler, widmete sich aber in Hollywood ganz der Agententätigkeit. Heute ist er der einzige Überlebende der drei bedeutenden Brüder.

❷ Cock 'n' Bull
Sunset Boulevard

Noch vor wenigen Jahren gab es gegenüber der Paul Kohner Agentur das fast gleichaltrige berühmte Restaurant Cock 'n' Bull, das viele Emigranten, wie zum Beispiel Max Reinhardt und der Autor Walter Reisch, zu ihrem Stammlokal wählten und in dem noch 1976 der ehemalige Direktor des Wiener Burgtheaters, der 1946 aus Los Angeles reemigrierte Ernst Haeusserman (Häussermann), seinen sechzigsten Geburtstag feierte. Heute steht an dieser Stelle ein Jaguar-Autosalon.

Von der Paul Kohner Agentur fahren wir in östlicher Richtung den Sunset Boulevard entlang, der zwischen der Paul Kohner Agentur und dem Hotel Chateau Marmont der Strip genannt wird.

❸ Sunset Strip

Zu beiden Seiten des Sunset Strip finden wir kleine und größere Restaurants, modische Bekleidungsgeschäfte, einige Nachtlokale für Heavy-Metal-Rock-Anhänger, Hotels und Klubs. Der Strip wirkt am Tage eher uninteressant, vor allem, da er streckenweise schon zu sehr – wesentlich mehr als der Hollywood Blvd. zwischen La Brea Ave. und Gower St. – von modernen, kahl wirkenden Gebäudekomplexen durchsetzt ist. Dennoch findet man auch hier noch genügend – insbesondere kleinere – Gebäude, die aus früheren Jahrzehnten stammen und freundlicher und »idyllischer« wirken als die neuen nüchternen Bauten. Sie sind streckenweise außerdem einheitlicher und zusammenhängender als die am Hollywood Blvd. Es überwiegen dabei schlichte Schmal- und Holzbauten in klassischer Form oder Art deco; den letzteren Stil vertritt am markantesten, wenn auch nicht mehr so schlicht, das hohe Gebäude des St. James's Clubs. Dieses Gebäude wurde erst vor wenigen Jahren restauriert; es ist aber leider nur für Klubmitglieder (Hollywood-Stars) und ihre Gäste zugänglich.

Überraschenderweise haben erst in

Paul Kohner und B. Traven, in den 60er Jahren.

den letzten Jahrzehnten immer mehr Restaurants Plätze im Freien eingerichtet, was sich im warmen Los Angeles ja eigentlich anbietet. Eßlokale und Bars waren früher fast ausschließlich in nur dunkel beleuchteten Innenräumen zu finden, so wie es auch heute noch in vielen Restaurants der USA üblich ist. Wahrscheinlich hat das etwas mit dem amerikanischen Puritanismus zu tun: Fleischliche Genüsse, besonders aber Alkohol, sollten möglichst im verborgenen verzehrt werden. Außerdem sind diese Lokale oft rot tapeziert oder rot gepolstert oder haben rote Tischdekken; vielleicht eine puritanische Anspielung auf die Farbe des Teufels.

Eines der bekanntesten Lokale am Sunset Strip ist das einige Meter links in der Horn Ave. gelegene Restaurant Spago des Österreichers Wolfgang Puck. Dort findet nicht nur jedes Jahr nach den Oscar-Verleihungen das populärste Künstler- und Gewinnertreffen statt, sondern Puck hat auch durch von ihm entwickelte Pizzaspeisen und Biergetränke, die es in Supermärkten zu kaufen gibt, das kulinarische Leben Südkaliforniens mitbestimmt. Er hat in der Zwischenzeit noch in anderen Stadtteilen und in San Francisco Restaurants eröffnet. Zum Spago kann man an irgendeinem Abend zurückkehren und ein gutes, wenn auch teures Mahl genießen. Mit Sicherheit findet man an einem der Tische irgendeinen Hollywood-Star. Nur muß man rechtzeitig vorbestellen. Doch gibt es am Sunset Strip sowie in anderen Straßen, die vom Strip abzweigen, besonders auf La Cienega, gleichwertige oder noch exklusivere Restaurants, bei denen ebenfalls Hollywood-Stars einkehren.

In den letzten Jahrzehnten hat sich der Sunset Strip stark verändert. Begann der Niedergang des Hollywood Boulevards als Zentrum des exklusiven Nachtlebens bereits Ende der dreißiger Jahre mit dem Ende der Jazz-Ära, so setzte der Niedergang des Sunset Strip als Mittelpunkt des Nachtlebens Ende der fünfziger Jahre ein, als das Fernsehen die Leute häuslicher machte oder Showkünstler von dem finanzkräftigeren Las Vegas und seinen Mammutshows abgeworben wurden. Dennoch sind viele erstklassige Restaurants auf dem Strip erhalten geblieben; es gibt weiterhin viele Treffpunkte für Hollywood-Stars, und es entstehen ständig neue.

Aber Dino's Restaurant, das durch die Fernsehserie *77 Sunset Strip* weltberühmt geworden ist, steht nicht mehr. An seinem Platz, 8524 Sunset Blvd., wurde erst kürzlich ein eher nüchternes Büro- und Geschäftsgebäude errichtet.

❹ Der ehemalige Players Club 8225 Sunset Boulevard

1940 gründete der Hollywooder Schriftsteller und Regisseur Preston Sturges ein Restaurant, Players Club, das sich rasch zu einem beliebten Treffpunkt der Hollywood-Stars entwickelte. Einige Jahrzehnte später wurde daraus ein japanisches Restaurant, und heute findet sich dort ein Nachtclub, The Roxbury.

❺ Chateau Marmont Hotel
8221 Sunset Boulevard

Am Ende des Strip liegt das Chateau Marmont, ein altes, fast wie eine Burg errichtetes Hotel aus dem Jahr 1924, in dem früher viele Emigranten wohnten, wie zum Beispiel der Zukunftsforscher Robert Jungk, aber auch amerikanische Autoren wie Sinclair Lewis. Auch nach 1945 stiegen europäische Künstler hier gerne ab: Maximilian Schell, der heute ein Haus in Beverly Hills besitzt, wohnte hier für längere Zeit und Peter Handke nahm hier Quartier. Ein Besuch innen wird an etwas muffige, verfallene, dafür aber alteuropäische Tradition erinnern.

Vom Chateau Marmont fahren wir weiter in Richtung Downtown. Wir passieren dabei auf der rechten Seite jene Ecke zwischen Crescent Hights und Sunset Blvd., wo bis Anfang der fünfziger Jahre eines der berühmtesten und berüchtigsten Hotels Hollywoods stand.

❻ Das ehemalige Garden of Allah Hotel
8130 Sunset Boulevard

Im Garden of Allah stiegen die berühmtesten Filmstars, Autoren und Musiker ab, und sie taten das auch dann noch, als sie bereits feste Wohnquartiere anderswo in der Stadt besaßen. Doch Garden of Allah war eben ein Treffpunkt für Feste, Trinkgelage, wilde Parties und Orgien, bis das Hotel mit seinen Bungalows so in Verruf und schließlich in Schulden geraten war, daß es abgerissen werden mußte. Das Bett von Errol Flynn erzielte nach der letzten Orgie bei der Versteigerung den höchsten Preis. Andere berühmte Gäste, die hier gewohnt und Werke geschaffen haben, waren Leopold Stokowski, Dashiell Hammett, Lillian Hellman, Somerset Maugham, Herman Wouk. Heute befinden sich auf dem Gelände des Garden of Allah eine Bank und ein Einkaufszentrum.

Dashiell Hammett, der häufig im Garden of Allah wohnte, 1938.

❼ Directors Guild of America
7920 Sunset Boulevard

Fahren wir also weiter und passieren rechts das große neuerrichtete Ge-

Charlie Chaplin und Arnold Schönberg in den früheren Charlie Chaplin Studios, 1935.

bäude der Directors Guild of America, wo heutzutage auch viele deutsche Regisseure zu Wort kommen. Alle Filmzweige haben in Hollywood ihre Guilds; sie sind mit den Gewerkschaften vergleichbar.

Wir fahren auf dem Sunset Blvd. in Richtung Osten weiter und biegen rechts auf die North La Brea Avenue ein.

❽ Die ehemaligen Charlie Chaplin Studios
1416 North La Brea Avenue

Auf der linken Seite sehen wir die alten Chaplin Studios mit ihren Fachwerkgebäuden im englischen Tudorstil, ein faszinierendes Gebilde mit einer großen künstlerischen Vergangenheit. Heute befindet sich die Schallplattenfirma A&M Records darin.

Viele der berühmtesten Filme von Charlie Chaplin, darunter *Gold Rush* (*Goldrausch,* 1924/25), *City Lights* (*Lichter der Großstadt,* 1930), *Modern Times* (*Moderne Zeiten,* 1932/1935), *The Great Dictator* (*Der große Diktator,* 1938/1940) wurden hier gedreht.

Wir kehren auf den Sunset Blvd. zurück und fahren weiter Richtung Osten.

❾ Crossroads of the World

Zwischen Las Palmas Ave. und Cherokee Ave. befindet sich Crossroads of the World, ein 1936 errichtetes Einkaufs- und Bürozentrum mit Gebäuden in europäischem, mexikanischem, neuenglischem, maurischem oder türkischem Stil, das zugleich die erste Fußgängerzone in Los Angeles war. Da aber diese Baustile innerhalb der einzelnen Gebäude relativ »rein« erhalten sind und dann auch jeweils mehrere nebenstehende Gebäude einschließen, wirkt das Ganze organischer und nicht so bunt zusammengewürfelt wie das Eklektische an einigen anderen Plätzen von Los Angeles. Die Stilmischung soll eine Verbindung zwischen der alten und der neuen Welt darstellen, wovon auch das in der Mitte der beiden Fußgängerwege, die vom Sunset Blvd. abzweigen, errichtete schiffartige Gebäude zeugt. Überhaupt sind in Los Angeles die meisten Einkaufszentren durch malerische Bauten und eine relativ harmonische Aneinanderreihung von Stilrichtungen gekennzeichnet, so daß man sich innerhalb dieser Zentren wohl fühlen kann. Crossroads of the World wurde früher viel von europäischen Emigranten besucht.

Einige Straßen nach diesem Einkaufszentrum biegen wir nach rechts in die Gower St. ein.

❿ Die ehemaligen Columbia Picture Studios
1438 North Gower Street

Auf der Gower St. fahren wir die mehrere hundert Meter lange Front der ehemaligen Columbia Pictures Studios entlang, die sich auf der linken Seite bis Fountain Ave. und auf der rechten Seite bis De Longpre Ave. erstreckt. Heute heißen diese Studios Sunset Gower Studios und werden für Fernsehshows benutzt

oder an die großen Filmstudios einschließlich Columbia Pictures ausgeliehen. Die Geschichte von Columbia Pictures dokumentiert, welch raschen Veränderungen die Hollywood-Studios vor allem in den letzten Jahren unterlagen: Sie haben nicht nur die Drehorte, sondern häufig auch den Besitzer gewechselt. (s. S. 17f.)
Einige Straßen weiter erreichen wir den Santa Monica Blvd. Hier biegen wir links ein und finden auf der rechten Seite den Eingang zum Hollywood Memorial Cemetery.

⓫ Hollywood Memorial Cemetery 6000 Santa Monica Boulevard

Der Hollywood Memorial Cemetery ist ein weitläufiger Friedhof mit verschiedenen kleineren und mittelgroßen Mausoleen, Krypten und Kenotaphen sowie »griechischen«, »römischen« und »ägyptischen« Tempeln. Hier finden wir die Gräber oder Privatmausoleen von Cecil. B. DeMille, Rudolph Valentino, Nelson Eddy, Douglas Fairbanks sen., Peter Finch, Janet Gaynor, Peter Lorre, Tyrone Power, Joseph Schildkraut, William (Wilhelm) Thiele, Edgar G. Ulmer, Erich W. Korngold, Frederick Kohner, um nur einige zu nennen. Das originellste Epitaph steht auf dem Grab der erst vor einigen Jahren durch Selbstmord verstorbenen Schauspielerin Joan Hackett: »Geh weg, ich schlafe« (»Go away, I'm asleep«).

Der Komponist Erich Wolfgang Korngold, der auf dem Hollywood Memorial Cemetry begraben liegt, 1936.

Edgar G. Ulmer, der einflußreichste B-Picture Regisseur.

⓬ Paramount Studios Melrose Avenue

An den Friedhof schließen sich im Süden direkt die mächtigen Paramount Studios an, deren Einfahrt an der Melrose Ave. gegenüber dem Windsor Blvd. liegt. Von 1944 bis 1946 wohnte auf dem Studiogelände, 5451 Marathon Ave., der große amerikanische Kriminalschriftsteller Raymond Chandler (1888–1959), der damals mit Billy Wilder an dem Drehbuch von *Double Indemnity (Frau ohne Gewissen)* arbeitete, das durch Wilders Regieführung zu einem der großen Meisterwerke des Film noir wurde. Die Zusammenarbeit mit Chandler gestaltete sich schwierig, da er die Studioatmosphäre und das Studioleben nicht mochte. Chandler hatte im übrigen auch wenig Geduld mit seinen Wohnungen. Er war in Los

Raymond Chandler 1945 in seiner Wohnung auf dem Paramount Gelände, wo er 1944 an dem Billy Wilder-Film *Double Indemnity* arbeitete.

Angeles seit 1924 vierzehnmal umgezogen.

Wir kehren auf den Santa Monica Blvd. zurück und fahren nach rechts bis zur Western Ave. Wir biegen nach links ab und folgen der Western Ave., bis sie in den Los Feliz Blvd. mündet. Wir passieren dabei links den Campus des American Film-Institute (2021 N. Western Ave.), einer wichtigen Organisation zur Förderung auch deutscher, schweizerischer oder österreichischer Filme sowie einer anerkannten Regieschule. Ziemlich am Anfang des Los Feliz Blvd. sehen wir die Einfahrt zum Griffith Park mit dem Berliner Bären. Wir folgen zunächst dem Ferndell Drive, der in den Western Canyon übergeht.

⑬ Griffith Park mit Observatorium

Zunächst finden wir auf der linken Seite des Parks noch Wohnvillen, doch auf der rechten Seite beginnt sogleich der Park mit seinen verschlungenen Wanderwegen und seinen Pinien, kalifornischen Eichen und stark duftenden Eukalyptusbäumen. Unsere Fahrt führt auf einer kurvenreichen Straße immer höher, und je höher wir kommen, desto offener wird der Park. Wir erblicken weite Flächen und Hänge, die vorwiegend mit Chaparral, jener typisch südkalifornischen Strauchformation aus verschiedenen Pflanzen, bewachsen sind und früher sehr viel für Filmaufnahmen verwendet wurden, vor allem für Western, als man noch nicht zu den eigentlichen Originalschauplätzen ging, wie es heute üblich ist. Doch auch heute wird das Gelände

Der Griffith Park.

Das Wahrzeichen von Hollywood.

von Griffith Park noch zum Filmen verwendet.
Sehr bald sehen wir das 1935 fertiggestellte Griffith Observatory, das wegen seiner hohen Lage von vielen Teilen der Stadt aus zu erkennen ist, doch dauert es noch eine Weile, bis wir zum Gelände des Observatoriums gelangen. Dort können wir dann entweder irgendeine Show im Carl-Zeiss-Planetarium besuchen oder vom Dach oder Wandelgang des berühmten Art deco-Gebäudes mit seinen drei mächtigen Kuppeln die Aussicht auf Hollywood und Los Angeles bewundern. Bei klarem Wetter sehen wir halb rechts über Hollywood, Beverly Hills und Westwood hinweg bis nach Santa Monica und den Ozean (circa 25 Kilometer Luftlinie), links in Richtung Glendale und Pasadena und direkt vor uns über das Häusermeer von Los Angeles bis nach San Pedro, dem circa 45 Kilometer entfernt liegenden Hafen von Los Angeles. Ansonsten sehen wir malerische Wohn-

hügel, zum Beispiel die von Silver Lake, große Hollywood-Villen, die direkt unter Griffith Park liegen, oder Berge, die sich hinter Pasadena majestätisch erheben und zu den teilweise über 3000 Meter hohen San Gabriel Bergen gehören. Die Aussicht ist ein einmaliges Erlebnis, vor allem, wenn am Abend die Sonne über dem fernen Ozean untergeht und das Lichtermeer von Los Angeles zu leuchten beginnt. Im Rücken scheint dabei die Sonne auf den über 500 Meter hohen Mount Hollywood, der direkt vom Gelände des Griffith Observatory aufsteigt und wegen der Aussicht und Dante's Garden, einem mit Blumen bepflanzten Hügelplätzchen, zum beliebten Ausflugsziel auch von Reitern gehört. Auf dem Weg nach oben kommen wir zuvor am Berlin Forest vorbei, einem mit Pinien und Rosen bepflanzten »Wald« zwischen zwei Pfosten, der an Berlin, die Partnerstadt von Los Angeles, erinnern soll.

Gegen Abend scheint die Sonne auf das etwas weiter westlich am Hollywood-Hügel Mount Lee angebrachte HOLLYWOOD-Zeichen, das man vom Observatorium aus sehr gut fotografieren kann, obwohl es auch von anderen Plätzen der Stadt aus deutlich erkennbar ist.

Bevor wir das Gelände des Observatoriums verlassen, verweilen wir vielleicht ein wenig an jener Stelle, wo einige der wichtigsten Szenen des James-Dean-Kultfilms Rebel Without a Cause (... Denn sie wissen nicht, was sie tun, *1955) spielten, und fahren dann nicht mehr den Western Canyon, sondern den kürzeren Vermont Canyon hinunter. Fast schon unten angekommen, passieren wir rechts das über 4500 Sitze fassende Greek Theater, eines der schönsten Freilichttheater Kaliforniens, in dem klassische Musik und Rock gespielt werden und in dem die berühmtesten Stars aus Amerika und Europa aufgetreten sind.*

⑭ Sarno's Café del Opera 1714 North Vermont Avenue

Anschließend fahren wir bis zur North Vermont Ave., bis zu Sarno's Café del Opera, einem italienischen Restaurant, das vom kulinarischen Angebot her nicht besonders interessant ist, in dem aber jeder Gast, der glaubt, große Arien singen zu können, die Gelegenheit hat, sein Talent zu zeigen. Ein Klavierspieler, der fast alles vom Blatt spielen kann, begleitet kostenlos. Oft kommt es zu einem Sängerwettstreit der Laien oder Halbprofessionellen, der an Originalität kaum zu überbieten ist. Allerdings ist die Atmosphäre nicht mehr die gleiche, seit der 1928 in den USA geborene Gründer und Sänger, Albert Sarno, 1987 auf dem Heimweg von diesem Restaurant zu seiner nahe gelegenen Wohnung ermordet wurde. Doch ist dieses Restaurant mit seinen pseudo-italienischen Dekorationen auch heute noch ein beliebter Treffpunkt von Emigranten – in diesem Fall vorwiegend italienischen Immigranten – oder sonstigen Besuchern, zu denen seit der Gründung im Jahre 1964 auch weltberühmte Sänger gehören. Sie treten dort allerdingsnicht auf. Gern verkehren hier auch europäische Schriftstel-

Der Architekt Richard Neutra vor dem Lovel (Health) Haus in Los Feliz, in der Nähe vom Griffith Park, 1964.

ler, die in Los Angeles zu Gast sind. Das Restaurant wird heute von Albert Sarnos Witwe Silvana, einer gebürtigen Italienerin, geführt, soll aber demnächst geschlossen werden.

Kommen wir rechtzeitig vom Griffiths Observatorium herunter, können wir, bevor wir zu Sarno's Café del Opera gehen, wo das eigentliche Leben sowieso erst nach neun Uhr abends beginnt, zum Barnsdall Park fahren. Wir biegen dazu kurz nach Sarno in den Hollywood Blvd. nach rechts ein und sehen bald auf der linken Seite die Ein- und Auffahrt zum Barnsdall-Park-Hügel.

⑮ Barnsdall Park
Hollywood Boulevard

Hier befindet sich einer der interessantesten Gebäudekomplexe von Frank Lloyd Wright (1869–1959). Das Hollyhock House ist ein im Stil der Puebloindianer gebautes, weit offenes Flach- und Flügelgebäude, vorwiegend aus Stein, teils aber auch aus Holz und Glas, mit Hollyhock-(Stockrosen-)Ornamentierung, das der österreichische Architekt Rudolph Michael Schindler (1887–1953) im Auftrag und nach Zeichnungen von Frank Lloyd Wright zwischen 1919 und 1921 als Wohnhaus für

Aline Barnsdall baute. Heute gehört dieses Gebäude der Stadt Los Angeles und dient für Empfänge oder kann besichtigt werden. Gleich daneben befinden sich eine größere Galerie für Wanderausstellungen, Kunstschulen für Kinder und Erwachsene (eine Art Volkshochschule für bildende Kunst und Folklore) sowie Theater- und Kammermusikräume, wobei das Barnsdall Art Center, die Kunstschule für Erwachsene, sowie ein nicht fertiggestelltes Gebäude, Little Dipper, noch von Frank Lloyd Wright selbst entworfen wurden. Die übrigen Gebäude wurden 1969 im Stil Frank Lloyd Wrights nachgebaut.

Innenaufnahme des Farmers Market, Anfang der 40er Jahre.

Dritte Fahrt
Berühmte Villen in den Hollywood Hügeln und in Beverly Hills

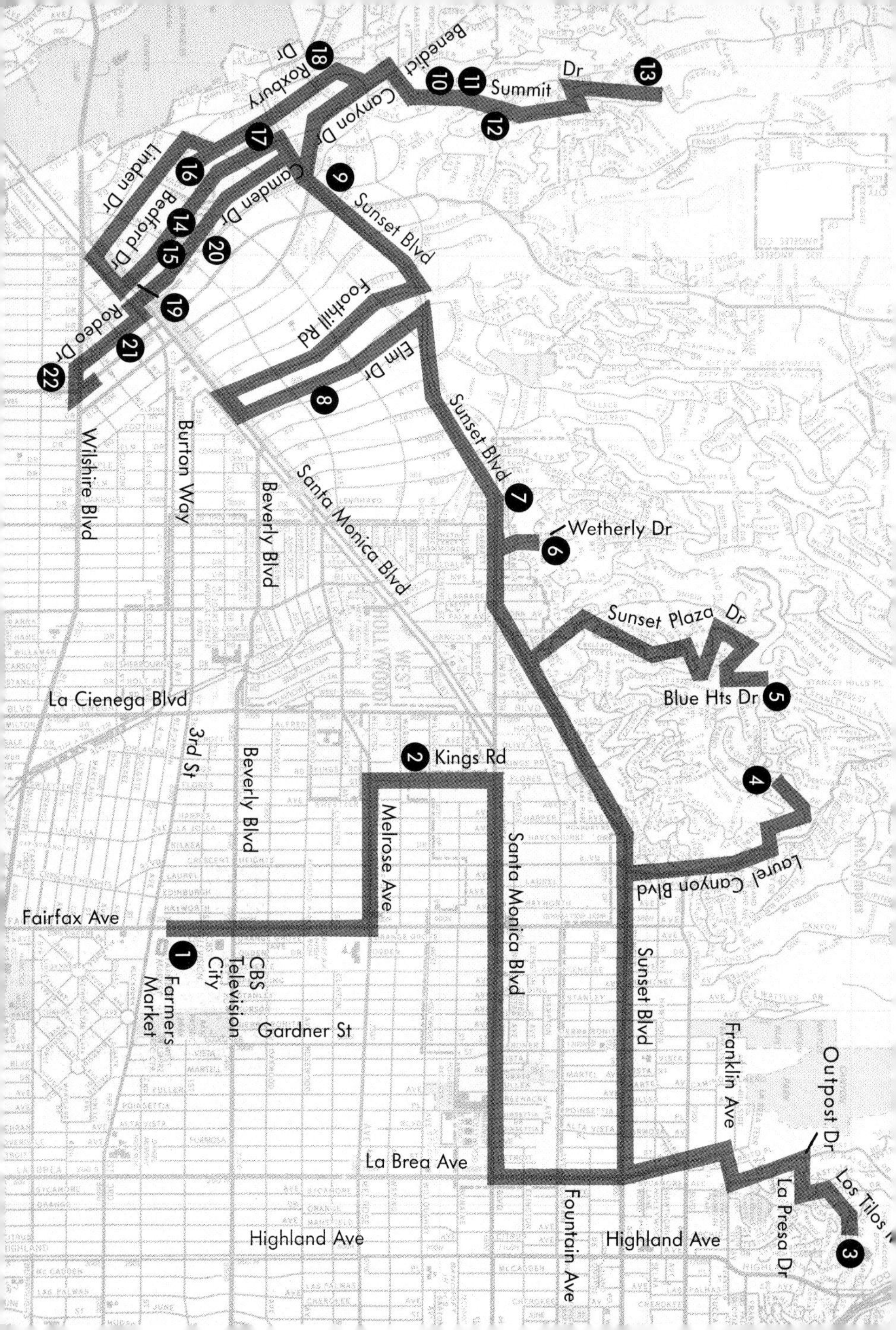

1 Farmers Market
CBS Television City
2 Kings Rd
3
4
5 Blue Hts Dr
6 Wetherly Dr
7
8
9
10
11 Summit Dr
12
13
14
15
16
17
18 Roxbury Dr
19
20
21
22
Benedict Canyon Dr
Camden Dr
Bedford Dr
Linden Dr
Rodeo Dr
Sunset Blvd
Foothill Rd
Elm Dr
Santa Monica Blvd
Wilshire Blvd
Burton Way
Beverly Blvd
La Cienega Blvd
3rd St
Melrose Ave
Sunset Plaza Dr
Laurel Canyon Blvd
Fairfax Ave
Gardner St
La Brea Ave
Highland Ave
Fountain Ave
Franklin Ave
Outpost Dr
La Presa Dr
Los Tilos

Wir beginnen unsere dritte Fahrt auf dem Farmers Market auf der östlichen Seite der Fairfax Ave. zwischen 3rd St. und Beverly Blvd.

❶ Farmers Market
Fairfax Avenue, Ecke Third Street

Der Farmers Market wurde 1934 mit achtzehn Buden eröffnet; heute befinden sich dort über 160 Verkaufsstände und kleine Geschäfte. Bauern brachten ihre Waren zu diesem Markt und verkauften sie frisch. Noch heute gibt es dort die auserlesensten Früchte, Gemüsearten, Fleisch- und Fischwaren (auch aus Europa) sowie Souvenierläden; letztere befinden sich vorwiegend im nördlichen Teil des Marktes, wo es keine Fruchtstände mehr gibt. Dort, wo die Frucht-, Fleisch- und Gemüsestände sind, gibt es auch zahlreiche Eßstände mit Sitzgelegenheiten. Eingeschlossen wird der Markt von Eingangshallen und Restaurantgebäuden, die im Stil amerikanischer Holzbauernhäuser aus der Revolutionszeit (American Colonial Style) errichtet sind. Aber es waren die Eßstände mit den Tischen und Sitzen zwischen den Holz- und Zeltbuden, die sofort nach Eröffnung des Farmers Market die Emigranten anzogen. Die lebendige Atmosphäre mit dem europäischen Marktcharakter – und das Angebot an besten Speisen und Frischwaren – machten den Farmers Market zum Lieblingsplatz fast aller uns bekannten Emigranten. Und noch heute wird

Farmers Market, heute.

Aldous Huxley, häufiger Gast auf dem Farmers Market, 1937.

der Farmers Market vor allem von Emigranten besucht: von polnischen, russischen, deutschen. Außerdem liegt er in einem der jüdischen Zentren von Los Angeles mit koscheren Restaurants und Geschäften, so daß wir hier ein Stück jüdische Kultur erleben.

Lassen wir uns auf dem Farmers Market einen Espresso und vielleicht ein Frühstück mit frischgepreßten Obst- und Gemüsesäften schmecken, und versetzen wir uns in jene Zeit, in der hier Aldous Huxley (1894–1963) mit Christopher Isherwood (1904–1986) oder Alfred Polgar (1873–1955) mit Heinrich Mann (1871–1950) diskutierten.

Anschließend fahren wir die Fairfax Ave. in Richtung Norden, passieren dabei jüdische und osteuropäische Restaurants und Geschäfte und biegen links in die Melrose Ave. ein. Wir folgen ihr bis zur Kings Rd., in die wir nach rechts hineinfahren. Wir kommen an einem Komplex mit Eigentumswohnungen vorbei, wo früher unter der Nummer 740 die Residenz von Aldous Huxley stand. Wir fahren aber weiter, bis wir auf der linken Seite ein mit Schilf und Bambus bewachsenes Gelände sehen. Dort parken wir.

❷ R. M. Schindler House
835 North Kings Road

Ein schmaler Weg führt in das Gelände. Rechts sehen wir den »gesunkenen« Blumenrasen, der wie ein Wassergraben das Gebäude schützen soll. Das Gebäude selbst ist flach und besteht zum Teil aus Beton, zum Teil aus Holz und zu einem großen Teil aus Glas. Auf der linken und auf der

R. M. Schindler-Haus, Inneneinrichtung.

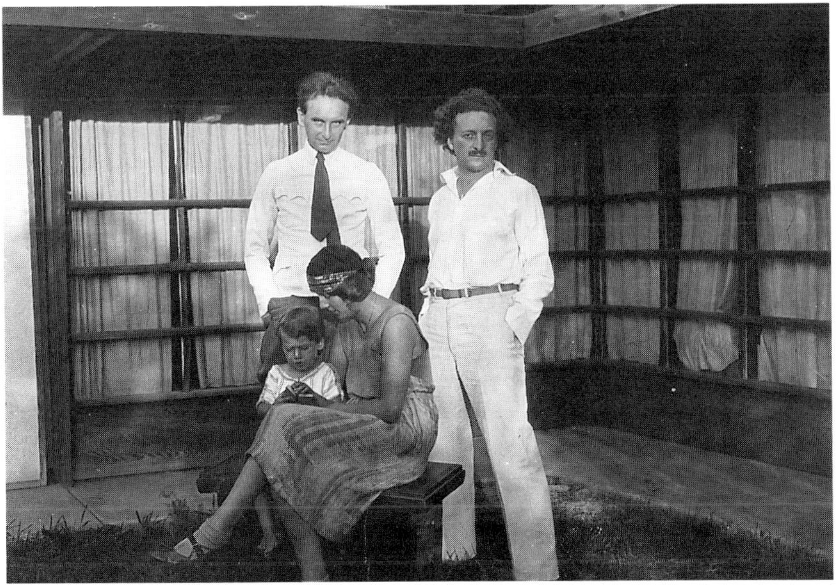

Richard Neutra links, R. M. Schindler stehend, Dione Neutra und Sohn Frank Lloyd sitzend.

rechten Seite befinden sich offene Holzaufbauten, die als Schlafstätte im Freien dienten. Dieses faszinierende Haus, das 1921/22 erbaut wurde, nahm vieles vorweg, was erst später, zum Beispiel durch Le Corbusiers *Villa Savoye* von 1930, zum nachahmenswerten Baustil wurde. Innen- und Außenraum als offene Einheit, offene Glastüren, die ohne Stufen direkt ins Freie führen, viele Glaswände, die von Beton abgelöst werden und mit Holz verschalt sind, sowie ursprünglich völlig offene Wände, um viel Licht und Luft hereinzulassen. Das Haus wurde in vier Studios aufgeteilt, verzichtete also auf die konventionelle Aufteilung in Wohnraum, Eßraum und Schlafraum. Die vier separaten Studios besitzen eine gemeinsame Küche und einen gemeinsamen Gästeanbau.

Gebaut wurde das Haus für R. M. Schindler und seine Frau sowie für ein befreundetes Ehepaar, wobei jede Person ein Studio bewohnte. Geschlafen wurde auf dem Dach, im Freien.

Rudolf Michael Schindler verließ bereits 1914 Österreich, arbeitete zunächst in Chicago und siedelte 1920 nach Los Angeles über, um für Frank Lloyd Wright zu wirken. Er selbst bewohnte das Haus in der Kings Rd. bis zu seinem Tod im Jahr 1953, seine Frau Pauline bis zu ihrem Tod im Jahr 1977. Als ihre Partner lebten für mehrere Jahre der Architekt Richard Neutra und seine Frau und danach die

Franz Werfels Haus auf Los Tilos Road, wo Alma und Franz Werfel von 1940 bis 1942 wohnten.

aus Deutschland stammende Kunstagentin Galka Scheyer in diesem Haus.

Anschließend fahren wir die Kings Rd. in nördlicher Richtung bis zum Santa Monica Blvd., von dort nach rechts bis zur La Brea Ave., der wir nach links über den Sunset und Hollywood Blvd. bis zur Franklin Ave. folgen, wo wir rechts einbiegen. Kurz darauf gelangen wir zum Outpost Dr. und fahren diesen nach Norden bis zur Abzweigung La Presa Dr., dem wir bis zur Abbiegung Los Tilos Rd. folgen. Los Tilos Rd. fahren wir bis zum Ende.

❸ Franz Werfel House
6800 Los Tilos Road

Am Ende von Los Tilos Rd. steht ein großes, im spanischen Stil gebautes Haus. Von der Eingangsfront her gesehen wirkt es flach, es hat aber einen markanten Laubengang. Doch an den Seiten erkennt man sogleich, daß es in den Hang hineingebaut wurde und sehr groß ist. Der Blick geht direkt zum John Anson Ford Theater, und wir befinden uns direkt über den hinteren Reihen der Hollywood Bowl, die wir aber nur von einem Aussichtsplateau vom Garten aus sehen können.

Franz und Alma Werfel haben hier vom Dezember 1940 bis zum Juni 1942 gewohnt und zogen dann in ihr in der Zwischenzeit umgebautes Haus, 610 N. Bedford Dr. in Beverly Hills, das wir noch besuchen werden. Außerdem lebten sie öfters in einem Bungalow im Biltmore Hotel in Santa Barbara. Im Haus in der Tilos Road beendete Franz Werfel (1890–1945) 1941 seinen Erfolgsroman *Das Lied*

von Bernadette, der auch als Film weltweit Erfolg errang. Außerdem begann hier Alma Mahler-Werfel (1879–1964) mit ihrem regen gesellschaftlichen Leben, das im nachhinein von vielen Emigranten als »Der Salon der Alma Mahler-Werfel« bezeichnet wurde.
Franz und Alma Werfel waren ursprünglich nach New York emigriert, kamen aber nicht zuletzt auf Anraten ihres Freundes Friedrich Torberg (1908–1979), der zwischen 1940 und 1944 in Los Angeles lebte, nach einigen Wochen in New York Ende 1940 an die Westküste. Denn Torberg hatte damals, als sich der Zweite Weltkrieg immer weiter ausbreitete, an die Werfels nach New York geschrieben, daß Los Angeles, »diese gewisse zelluloid-verpackte Weltabgewandtheit, in die man hier hineingezwungen ist, jetzt alle ihre Vorteile erweisen wird und jedenfalls der Seele und vor allem den Nerven, weit besser bekommen wird als der Hexenkessel, zu dem New York jetzt erst recht ausarten muß«. Friedrich Torberg, der einen der rettenden Jahresverträge einer Filmgesellschaft bekommen hatte (s. S. 122), ging allerdings 1944 nach New York zurück, wo er zuvor eingewandert war, da er das dortige, mehr europäische Großstadtleben brauchte, während die Werfels in Los Angeles blieben.
Wir kehren nun über den Outpost Dr., wo unter der Nummer 1919 für einige

Alma Mahler-Werfel und Franz Werfel.

Zeit der Regisseur Josef von Sternberg gewohnt hat, die Franklin Ave. und die La Brea Ave. zum Sunset Blvd. zurück, dem wir in westlicher Richtung bis Laural Canyon folgen. Hier biegen wir rechts ab, fahren bis Kirkwood Dr., in den wir nach links einbiegen und bis Yucca Trail folgen, wo wir wieder nach links abbiegen.

❹ Friedrich Torberg House
8440 Yucca Trail

Torberg hatte erst nach Ablauf seines Einjahresvertrages bei Warner Brothers mit einem Filmdrehbuch, *Voice In the Wind* (1943), Erfolg, war aber sowieso mehr am Romanschreiben interessiert. Hier, am Yucca Trail, entstand 1943 seine berühmte Erzählung *Mein ist die Rache,* die in einem Konzentrationslager spielt und sadistische Grausamkeiten anspricht, die erst später bekannt wurden. Außerdem begann Torberg in Los Angeles mit dem Roman *Hier bin ich, mein Vater.*

Wir kehren auf demselben Weg zum Sunset Blvd. zurück, dem wir in westlicher Richtung bis zum Sunset Plaza Dr. folgen, den wir bis zur Privateinfahrt Blue Heights hinauffahren. Wir passieren dabei das Haus Nummer 1299, wo 1942 Curt Goetz gelebt hatte, bevor er in das nördlich gelegene San Fernando Valley zog, um eine Hühnerfarm zu betreiben.

Vor der Einfahrt Blue Heights Dr. parken wir unser Auto und spazieren einige hundert Meter den Blue Heights Dr. hinauf. Zur rechten Seite bietet sich uns ein überwältigender Blick auf Hollywood und andere Stadtteile von Los Angeles, die tief unten liegen. Außerdem kommen uns die Düfte kalifornischer Pflanzen entgegen, die links am Hang wachsen.

❺ Galka Scheyer House
1880 Blue Heights Drive

Das 1934 von Richard Neutra (1892–1970) erbaute und einige Jahre später von dem Architekten Gregory Ain aufgestockte Haus besteht aus viel Beton, Zement und großen, zusammenhängenden, im ersten Stock eine ganze Front bildenden Glasscheiben. Es wirkt nüchtern, praktisch und doch sehr wohnlich. Hier lebte von 1934 bis zu ihrem Tode im Jahr 1945 die 1924 aus Deutschland emigrierte Kunstagentin Galka Scheyer (geb. 1889), eine der faszinierendsten Frauen der Emigration. Sie bemühte sich in den USA, besonders in Los Angeles, um die Anerkennung der sogenannten Blauen Vier, Wassily Kandinsky, Paul Klee, Alexej von Jawlensky und Lyonel Feininger. Ein Briefwechsel, den das Norton Simon Museum in Pasadena bei Los Angeles zusammen mit Gemälden und Lithographien, die Galka Scheyer besaß, aufbewahrt, gibt darüber Aufschluß. Es war damals schwer für Galka Scheyer, die »Blauen Vier« in Los Angeles unterzubringen. »Ich habe die kleine schwarze Litho verkauft in Los Angeles, wofür Sie Dollar 2 bekommen. Da Sie mir aber einen Dollar schulden – ich hatte das letzte Mal einen Dollar zuviel gesandt –, erhalten Sie diesmal nur einen«, schrieb

Galka Scheyers Haus, von Richard Neutra erbaut, heute.

Galka Scheyer am 27. September 1927 (unveröffentlichter Briefwechsel mit Kandinsky). Kandinsky war in Geldnöten: »Es ist für mich sehr wichtig, möglichst bald etwas zu verkaufen, und besonders größere Arbeiten. Ich unterstütze meine Verwandten in Rußland und komme mit meinem Verdienst hier absolut nicht aus [. . .] Ich muß verkaufen! Und das letzte Absatzland sind USA«, schrieb er 1925 und 1933. »Fritz Lang hat sich bei mir zum Picknick angesagt, und da er sein ganzes Geld für den Kampf gegen Hitler ausgibt, werde ich ihm sagen, daß Sie zu den von Hitler Geschädigten gehören. Und da er Ihre Arbeiten wirklich versteht, muß er eigentlich wegen Hitler von Ihnen kaufen«, notierte Galka Scheyer 1937. Doch auch Lang kaufte nichts. 1939 hieß es dann bei Galka Scheyer: »Sie können sich nicht vorstellen, wie fremd diese Kunst diesen Menschen hier ist.«

Dennoch versuchte Galka Scheyer, Kandinsky, mit dem sie sich auch über Pablo Picasso, Salvador Dalí und fast alle anderen großen Maler der Gegenwart auseinandersetzte – sie widersprach zum Beispiel Kandinskys scharfer Kritik an Picasso –, zu überzeugen, nach Los Angeles zu kommen. »Die Sonne scheint so warm, alle Türen und Fenster sind offen, die Narzissen blühen, der Nordwind hat alles so klargeblasen, daß man die Wellen auf dem Meer schlagen und den Wind um die Schneekuppen Schneesturm aufwirbeln sieht. Ja und nachts ist es so klar, daß Millionen Lichter der Stadt blinzeln und schimmern um die Wette mit den Sternen. Also Sie müssen kommen. Das Geld dazu muß ich hier verdienen.« Doch Kandinsky kam nicht.

Noch heute erlebt man gelegentlich Tage auf Blue Heights so, wie sie Galka Scheyer beschrieben hat, meistens verdecken aber Dunst und Smog den Blick in die weitere Ferne. Weder das Meer noch die Berge sind dann zu sehen, aber die Aussicht ist immer noch beeindruckend genug.

Von Galka Scheyers Haus kehren wir zum Sunset Blvd. zurück, fahren dort in westlicher Richtung und kommen bald zum Doheny Dr., in den wir rechts einbiegen. Kurz darauf biegen wir nach rechts in den kurvenreichen Wetherly Dr. ein, den wir bis zu dem Grundstück 1260 hinauffahren.

❻ Strawinsky House 1260 Wetherly Drive

Wir stehen vor dem Grundstück, auf dem zwischen 1941 und 1969 Igor Strawinsky (1882–1971) gewohnt hat. In diesem eher bescheidenen kalifornischen Haus im Ranch-Stil, das etwas erhöht hinter Bäumen und Büschen liegt, hat Strawinsky einige der großen Werke der Musik des 20. Jahrhunderts geschrieben und sich intensiv mit Arnold Schönbergs Methode des Komponierens mit zwölf Tönen auseinandergesetzt.

Durch Alma Mahler-Werfel und Max Reinhardt kam Strawinsky auch mit anderen Emigranten in gesellschaftlichen Kontakt, zum Beispiel mit der Schauspielerin und Drehbuchautorin Salka Viertel, dem Komponisten Erich Wolfgang Korngold, dem Pianisten Wladimir Horowitz, dem Diri-

Blick von Galka Scheyers Haus, heute.

Igor Strawinsky in seinem Haus in Hollywood, 1941.

genten Bruno Walter, dem Schriftsteller Friedrich Torberg, der Sängerin Lotte Lehmann.

Wir können nur einen Blick von außen auf Strawinskys Haus werfen, denn leider ist keines der Häuser bedeutender Emigranten in Los Angeles Besichtigungsstätte geworden, ausgenommen das Heim von R. M. Schindler und bald wohl auch das Haus Lion Feuchtwangers, das wir noch besuchen werden.

Wir fahren zurück zum Sunset Blvd. und biegen dort rechts ein. Wir passieren wieder die Paul Kohner Agentur und gelangen kurz danach in das wohlhabende Wohnviertel von Beverly Hills.

❼ Sunset Boulevard

Da wir nun zum wiederholten Male den Sunset Boulevard befahren, sei kurz auf die Bedeutung dieser Verkehrsader eingegangen. Denn der Verlauf des Sunset Boulevard, der rund 35 Kilometer lang ist, spiegelt die in Los Angeles bestehenden sozialen Unterschiede wider. Beginnen wir Downtown, so kommen wir zunächst durch Wohnzentren asiatischer Emigranten oder deren Nachkommen, anschließend gelangen wir in sehr verarmte Gebiete, in denen vorwiegend Mexikaner wohnen und die vor Jahren noch wie Slums aussahen (heute werden die Häuser mit staatlicher Hilfe renoviert), und im weiteren Verlauf führt uns der Sunset Blvd. in Wohngegenden des unteren Mittelstandes. Rechts erheben sich die Hügel des etwas wohlhabenderen, älteren und deshalb auch abwechslungsreicheren Silverlake-Gebietes. Danach erreicht der Sunset Blvd. die Welt Hollywoods mit den kleineren und größeren Radio- und Fernsehstudios, wobei die abzweigenden Wohnstraßen gelegentlich schon zur gehobeneren Mittelklasse gehören. Schließlich gelangen wir zum früher beschriebenen Sunset Strip und anschließend in das reiche Wohnviertel von Beverly Hills. Der weitere Verlauf führt durch Bel Air und Brentwood nach Pacific Palisades, bis nach vielen Kurven der Ozean dieser Reise ein Ende bereitet. Die Wohnviertel von Beverly Hills, Bel Air, Brentwood und Pacific Palisades gehören zu den teuersten der Welt, aber die exklusivsten Grundstücke liegen

Sergej Rachmaninows letzte Residenz, heute.

nicht am Sunset Blvd. selbst, sondern an seinen Nebenstraßen. Die meisten Villen, die die unterschiedlichsten Stile aufweisen, sind von Parks umgeben, so daß sie von der Straße aus kaum zu sehen sind. Klassizistischer Palast steht neben deutscher Fachwerkvilla, französisches Chateau neben Schweizer Chalet, indischer Tempel neben einer gotischen Burg usw.

Wir fahren bis zum Elm Dr. und biegen dort nach links ein.

❽ Rachmaninow House
610 Elm Drive

Wir stehen vor einem geräumigen und sehr wohnlich wirkenden Haus. Hier hat der russische Komponist Sergej Rachmaninow (geb. 1873) seine letzten Tage verbracht. Er kaufte das Haus 1942, ging dann auf Tournee und kam Anfang März 1943 zurück. Ende März desselben Jahres verstarb er und wurde auf einem Friedhof in New York beigesetzt.

Anschließend fahren wir bis zum Santa Monica Blvd., auf dessen gegenüberliegender Seite wir das berühmte Büro- und Geschäftszentrum von Beverly Hills sehen, dort biegen wir rechts ein und fahren die nächste Nebenstraße, Foothill Rd., wieder zurück zum Sunset Blvd., dem wir weiter nach Westen folgen.

❾ Beverly Hills Hotel 9461 Sunset Boulevard

In diesem weltberühmten, aus vielen Filmen bekannten, rosaroten Mission-Revival-Style-Hotelpalast, der auf eine reiche Geschichte an Skandalen und Gerüchten (»Präsident Kennedy trifft Marilyn Monroe«) zurückblickt, steigen noch immer viele Filmstars und andere Prominente ab oder geben dort exklusive Empfänge. Man findet hier allerdings auch sehr viele Möchtegernstars, die am Swimmingpool liegen und sich von Freunden mit der Botschaft ans Telefon rufen lassen, ihr Agent oder Produzent oder Regisseur wolle sie sprechen, um so vielleicht dadurch von tatsächlich anwesenden Produzenten oder Regisseuren entdeckt zu werden.

In diesem Hotel wohnten für längere Zeit die Autoren William Faulkner (1897–1962) und Sinclair Lewis (1885–1951), Katherine Anne Porter (1894–1980) und Robert Sherwood (1896–1955).

Wir folgen dem Sunset Blvd. bis zum Benedict Canyon, in den wir nach rechts einbiegen. Auf dem Benedict Canyon fahren wir bis zur Abzweigung nach rechts in den Summit Dr.

❿ Charlie Chaplin House 1085 Summit Drive

Die Einfahrt 1085 Summit Dr. führt zu jenem Haus, in dem Charlie Chaplin (1889–1977) in seiner Hollywooder Zeit am längsten gewohnt und das er für sich selbst entworfen hat. Leider kann man von dem Gebäude selbst nicht viel erkennen, da es hinter Bäumen und Büschen versteckt liegt; doch was man sieht, wirkt harmonisch, weniger eklektisch als andere Häuser, erinnert vielmehr an eine Villa im Süden der Schweiz, in Meran oder in den mediterranen Gegenden Italiens und Frankreichs, wie sie gegen Ende des vorigen Jahrhunderts für die Wohlhabenden Europas gebaut wurden.

⓫ William Wyler House 1121 Summit Drive

In diesem langgestreckten, einstöckigen Gebäude lebte bis zu seinem Tod im Jahre 1981 der große Regisseur William Wyler. Der aus dem Elsaß stammende Deutsch-Schweizer, der 1902 geboren wurde, kam schon in den zwanziger Jahren nach Amerika, begann zunächst bei seinem Großonkel Carl Laemmle mehr oder weniger als Laufbursche und arbeitete sich dann bis zum Regisseur und Produzenten hoch. Ein derart kontinuierlicher Aufstieg entsprach durchaus den Wünschen der Studios. Denn damals war es üblich, die Künstler durch mehrjährige Verträge an eine Filmgesellschaft zu binden, und diese legten Wert darauf, daß ihre Angestellten ihr Handwerk von der Pike auf lernten. Heute, wo die Künstler fast nur noch projektgebunden engagiert werden, also für jeweils einen bestimmten Film, gibt es die Möglichkeit des Lernens im Studio kaum noch. Das Können muß jetzt in den Schulen erworben werden, und deshalb sind auch die Filmschulen in den USA in den letzten Jahrzehnten immer bedeutender geworden.

Das William Wyler Haus, heute.

William Wyler hat einige der eindrucksvollsten sozial engagierten Filme Hollywoods gemacht, zum Beispiel *The Little Foxes* (*Die kleinen Füchse,* 1941). Darin ähnelte er seinem italienischen Hollywood-Kollegen Frank Capra (1897–1991), allerdings sind seine Filme offener, breiter, vielleicht auch mehr »Hollywoodlike«.

In seinem Haus fand im Frühjahr 1981 eine historische Begegnung zwischen Friedrich Dürrenmatt, William Wyler, Billy Wilder und Paul Kohner sowie deren Ehefrauen statt. William Wyler wollte Billy Wilder dafür gewinnen, Friedrich Dürrenmatts *Die Physiker* zu verfilmen, was eigentlich sein eigener Wunsch gewesen war, aber er durfte aus Gesundheitsgründen nicht mehr drehen. Billy Wilder lehnte ab. Seine Devise, die er schon früher befolgt hatte, lautete: »Ich kann aus einem erstklassigen Drama keinen erstklassigen Film machen. Da habe ich ein schlechtes Gewissen, bin zu sehr gebunden und fühle mich zu sehr verpflichtet.« Er bat Dürrenmatt dagegen um einige Filmstoffe, von denen Dürrenmatt gesprochen hatte, doch ist es zu dieser Zusammenarbeit leider nicht gekommen.

⓬ Die ehemalige Villa Pickfair
1143 Summit Drive

Auf diesem Gelände stand noch bis vor einigen Jahren das Haus von Mary Pickford und Douglas Fairbanks. Jetzt wird dort neu gebaut. Wieder geht ein Stück Hollywood der Frühzeit verloren, denn Mary Pickford gehörte nicht nur zu den großen Stars der Stummfilmzeit, sie war auch eine der wichtigsten Pionierinnen der Filmgeschichte. Zusammen mit Charlie Chaplin, D. W. Griffith und Douglas Fairbanks gründete sie 1919 die United Artists Corporation, um die Produktion und den Verleih ihrer eigenen Filme zu kontrollieren. Die vier Künstler wollten ihre Filme selbst produzieren, um nicht von den bereits sehr mächtig gewordenen großen Filmstudios abhängig zu bleiben. Außerdem berief Mary Pickford den Berliner Ernst Lubitsch nach Hollywood, der dann selbst Filmgeschichte machte.

Der Summit Dr. geht bald in den Summitridge Dr. über. Auf einem Hang steht das Haus, in dem Fritz Lang (geb. 1890) seit 1945 wohnte. Auf einer etwas später folgenden Abzweigung können wir bis zu seiner Villa fahren.

⓭ Fritz Lang House
1501 Summitridge Drive

In diesem Haus starb 1976 Fritz Lang, der allgemein als Großmeister des deutschen Films anerkannt wird und der nach seiner Ankunft in Hollywood, 1934, 22 weitere Filme drehte, also mehr als vorher in Deutschland. Gegen Ende seines Lebens war er oft verbittert und konnte doch der anhänglichste und weichherzigste Freund sein. Seine amerikanischen Filme, in denen Schuld und Schicksal sowie die Spannung zwischen Individuum und Gesellschaft immer wieder eine Rolle spielen, gehören zu den großen, realistischen Meisterwerken des Hollywood-Films. Sie wurden in Deutschland oft verkannt, obwohl schon Erika und Klaus Mann geurteilt hatten: »Fritz Lang gehört zu denjenigen, denen Hollywood ganz vorzüglich bekommen ist. Während er nämlich in Deutschland, wohl auch unter dem Einfluß seiner damaligen Ehefrau, der hochverkitschten Schriftstellerin Thea von Harbou, einer gewissen Neigung zum Leer-Monumentalen, zum Allzu-Prächtigen, Überdimensionalen nicht immer völlig Herr

Fritz Lang bei der Arbeit an *Fury*, 1936.

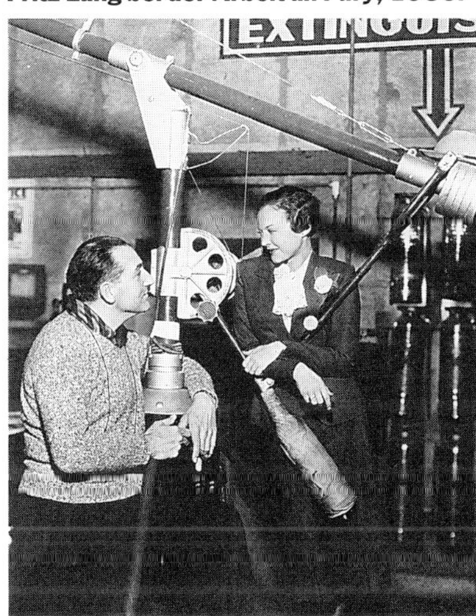

Fritz Lang, 1942.

wurde, hat sich in Hollywood eine Entwicklung zum Geistigen hin an ihm vollzogen, die ihn als eine der interessantesten und vielseitigsten Figuren im amerikanischen Film erscheinen läßt [. . .] Er hat sich hier erst gefunden, sein großes und reiches Talent hier erst wirksam gemacht [. . .]«
In seinen Hollywood-Filmen gelang Lang vor allem ein kreativer Kompromiß zwischen Expressionismus und reportagehafter Sachlichkeit, zwischen großartiger, gelegentlich statischer Schwarzweißarchitektur (er hat allerdings auch einige Farbfilme gedreht) und Hollywood-Tempo.
Sehr stolz war Fritz Lang auf die guten Martinis, die er hinter der Bar dieses Hauses für seine Gäste mixte. »Sie sind besser als meine Filme.« Außerdem sprach er in zunehmendem Alter immer öfter über seine Kindheit und Jugend in Wien und Berlin, auch wenn er Deutschland und Österreich wegen der Nazi-Vergangenheit scharf kritisierte. Er wäre nie auf Dauer nach Europa zurückgekehrt, obwohl ihm auch in den USA vieles immer mehr mißfiel.
1968 schrieb er an Lotte Eisner, die ein Buch über ihn verfaßte und Deutschland seiner Auffassung nach zu sehr attackierte: »Aber in Deiner Abneigung gegen Deutschland hast Du ein Kapitel geschrieben, in dem Du Dir selbst unrecht tust, und deshalb muß ich diesen Brief schreiben, so schwer es mir fällt.
Du hast einmal – (genau wie ich) – den deutschen Kulturkreis geschätzt, hast Dich – (genauso wie ich) – gegen

Fritz Lang bei der Arbeit an *House by the River*, 1949.

Fritz Lang bei der Arbeit an *Clash by Night*, 1951.

den deutschen Antisemitismus aufgelehnt ..., aber kannst Du Schiller, Kleist, Heine aus Deinem Leben streichen?
Den *Faust* liebe ich tief innerlich! Und gestern nachts am Swimmingpool des kleinen Motels, das Du ja kennst, habe ich leise vor mich hingesagt: ›... Klinge kleines Frühlingslied / kling hinaus ins Weite!‹ (...) Es gibt Dinge, die zu uns gehören und die man nicht aus dem Herzen reißen kann.«
Auf dem Rückweg biegen wir zunächst nach rechts in den Benedict Canyon Dr., dem wir bis zum steilen Leona Dr. folgen. Am Ende dieser Straße lebte der große französische Filmregisseur Jean Renoir (1894–1979) bis zu seinem Tod. Fritz Lang und Jean Renoir waren Freunde und bewunderten sich gegenseitig. Vom Filmischen her gesehen, sagt man, benutzte der eine (Renoir) die offene und der andere (Lang) die geschlossene Kamera: Stilmeister der Gegensätze.
Wir kehren nun über den Leona Dr. und den Benedict Canyon Dr. zurück zum Sunset Blvd. Wir folgen ihm kurz Richtung Westen und biegen dann nach links in den Bedford Dr. ein.

Fritz Lang spielt eine Szene in *Scarlett Street*, 1945.

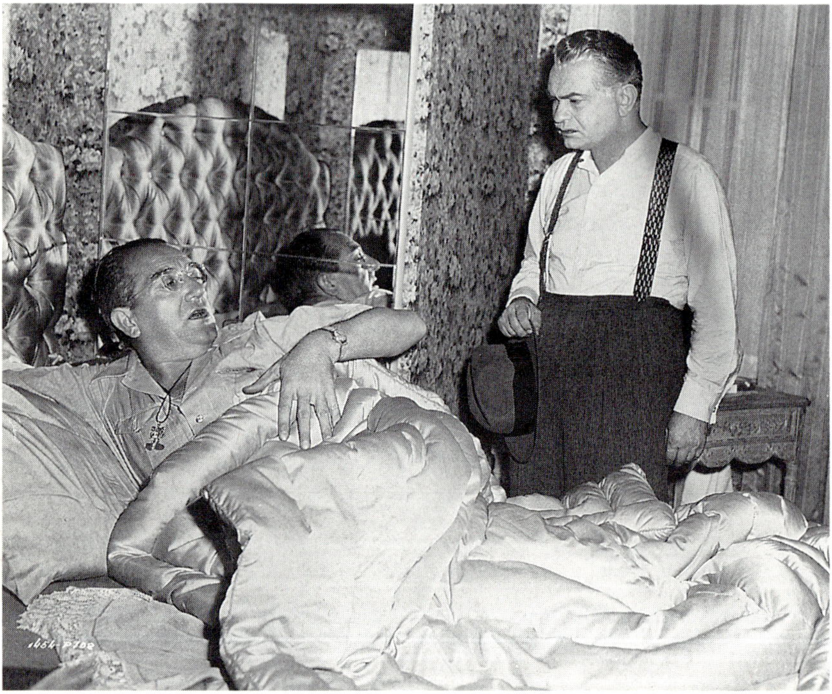

Fritz Lang kurz vor seinem Tod, 1975.

⓮ Franz Werfel House
610 Bedford Drive

In dem in der Zwischenzeit umgebauten Haus wohnten, nachdem sie 1942 ihr Haus an der Los Tilos Road (s. S. 68) aufgegeben hatten, Franz und Alma Werfel. Hier war es auch, wo Alma Mahler-Werfel Franz Werfel »mit ruhig lächelndem Gesicht« am 26. August 1945 tot auffand. Er wurde später auf dem Rosedale Cemetery, 1831 W. Washington Blvd., beigesetzt und von dort 1975 nach Wien überführt.

In diesem Haus sowie in Santa Barbara, wo sich Werfel häufiger aufhielt, schrieb er noch den Roman *Der Stern der Ungeborenen,* überwachte die Dramatisierung seines im französischen Exil entstandenen Romans *Der veruntreute Himmel* und verfaßte Gedichte, Erzählungen und Essays. Werfel hatte das Glück, daß er in den USA bereits vor der Emigration bekannt war und somit mit seinen Werken auch Geld verdiente. Allerdings war es etwas übertrieben von Thomas Mann, die 100 000 Dollar, die Werfel für den Verkauf der Filmrechte an *Das Lied von Bernadette* erzielte, als Werfels »Taschengeld« zu bezeichnen. Andere Autoren dagegen mußten darben. So schrieb der damals in wesentlich bescheideneren Verhältnissen lebende Alfred Döblin am 12. März 1943 an den in New York gebliebenen Schriftsteller Hermann Kesten (geb. 1900), der dort für das American Rescue Committee wichtige Arbeit leistete, um gefährdeten Schriftstellern in Europa die Flucht in die USA zu ermöglichen, und dabei auch mit dem European Film Fund in Los Angeles zusammenarbeitete: »Lieber Kesten, vielen schönen und sofortigen Dank für Ihren endlich einmal etwas ausführlichen Brief, der mir einen kleinen Zugang in die Geheimnisse New Yorks gewährte. Ihr Wilden drüben seid doch bessere Menschen als wir Hollywooder. Denn soweit ich sehe und höre, verdient Ihr doch alle irgendwie etwas und haltet Euch über Wasser – während es bei uns an der Westküste nur zwei Kategorien von Autoren gibt, solche, die im Fett, und solche, die im Dreck sitzen. Zur ersten Gruppe gehören Th. Mann, Werfel und andere, – gut geht's auch, zumindestens zeitweilig,

Das Haus Bruno Walters, heute.

Alfred Neumann, auch Brecht [. . .] – und nicht geht es Autoren wie mir, Leonhard Frank, auch Ludw. Marcuse ect. [. . .]«
Im Haus am Bedford Dr. florierte auch das gesellschaftliche Leben um Alma Mahler-Werfel, das sie bereits auf dem Los Tilos Dr. begonnen hatte. In ihrem »Salon« trafen sich unter anderen Igor Strawinsky, Max und Gottfried Reinhardt, Liesl und Bruno Frank, Fritzi Massary, Lotte Lehmann, Friedrich Torberg und der Nachbar Bruno Walter.

⑮ Bruno Walter House
608 Bedford Drive

Bruno Walter (1876–1962) gehörte wie Otto Klemperer (1885–1973) zu jenen Dirigenten, die das Musikleben von Los Angeles entscheidend geprägt haben: Bruno Walter als Dirigent des Columbia Symphony Orchesters und Otto Klemperer als Dirigent der Los Angeles Philharmonic. Während Otto Klemperer bereits vor 1950 wieder nach Europa zurückkehrte,

Bruno Walter kurz vor seinem Tod.

blieb Bruno Walter in Beverly Hills, wo er 1962 starb. Kurz zuvor äußerte er sich zu seinem Verbleiben in Los Angeles: »Ich habe ein Haus in Beverly Hills, in dem schönen Ort in den Bergen. Ich fahre in zwanzig Minuten an den Ozean und gehe dort jeden Tag spazieren [...] Musik hat meinem Leben den tiefsten Inhalt gegeben [...] Mein Verhältnis zu Goethe, mein Verhältnis zur Natur, mein Verhältnis zum Menschen, alles hat sich vertieft, und ich werde weiter studieren, lernen, Fortschritte machen.«

Anschließend fahren wir weiter bis zum Santa Monica Blvd., folgen ihm ein kurzes Stück nach Westen und biegen rechts in den Linden Dr. ein. Im Haus Nummer 503 lebte zwischen 1941 und 1944 der große Schauspieler Albert Bassermann (1867–1952), Nummer 722 war von 1938 bis 1942 das Domizil Peter Lorres (1904–1964). Kurz danach biegen wir nach rechts in die Lomitas Ave. und gleich darauf wieder rechts in den Roxbury Dr. ein.

Geburtstagsfeier für Albert Bassermann. Sitzend von links nach rechts: Ernst Lubitsch, Charlotte Hagenbruch (Mrs. Dieterle), Albert und Else Bassermann, William Dieterle, Bruno Frank. Stehend: Fritzi Massary, Lupita Kohner, Liesl Frank, 1942.

⑯ Felix Guggenheim House
725 Roxbury Drive

In dem großen Fachwerkhaus lebte einige Jahrzehnte der Verleger Felix Guggenheim (1904–1976). Er gründete zusammen mit Ernst Gottlieb (1903–1961) in den vierziger Jahren in Los Angeles die *Pazifische Presse*, in der exilierte Autoren ihre neuesten Arbeiten auf deutsch veröffentlichen konnten. Die Auflagen waren klein, und die Einnahmen blieben gering, doch die Schriftsteller konnten in ihrer Muttersprache publizieren. Zu den dort verlegten Autoren gehörten Thomas Mann, Friedrich Torberg, Franz Werfel, Alfred Döblin, Leonhard und Bruno Frank, Alfred Neumann und Lion Feuchtwanger.

Wir kehren jetzt wieder um und fahren den Roxbury Dr. in nördlicher Richtung.

⑰ Marlene Dietrich House
822 Roxbury Drive

Unter der Hausnummer 822 stehen wir vor einer riesigen Art deco-Villa, in der zwischen 1932 und 1942 Marlene Dietrich (1901–1992) lebte. Das Haus wird gegenwärtig für 3 200 000 Dollar auf dem Markt angeboten. Innen findet man Spiegelwände und im Eßraum sogar eine Spiegeldecke. So konnte sich Marlene Dietrich ständig beobachten und bewundern.

Die Lebensgeschichte von Marlene Dietrich zeigt die Geschichte eines

Marlene Dietrichs Haus, heute.

Leon Askin bei einer Lesung im Max Kade Institute, 1977.

Welterfolgs, unabhängig davon, wie groß ihre tatsächlichen schauspielerischen Leistungen waren. Sie besaß eine charismatische Ausstrahlung und künstlerisches Geschick und war bereits zu Lebzeiten ein Mythos. Sie wurde auch in Hollywood ein, wenn nicht sogar *der* führende Star. Andere Schauspieler oder Schauspielerinnen, die nach Hollywood gegangen waren oder dorthin emigrieren mußten, waren nicht so erfolgreich. Größen wie Albert Bassermann, Ernst Deutsch, Fritz Kortner, Alexander Granach erhielten nur Nebenrollen; doch andere wie Luise Rainer (zweifache Oscar-Preisträgerin), Peter Lorre, Hedy Lamarr, Paul Henreid, Francis Lederer, Joseph Schildkraut, Bela Lugosi brachten es zu Hauptrollen. Auch einige Nebendarsteller wie Oskar Homolka, Walter Slezak, Leon Askin (letzterer lebt noch in der Parallelstraße, 625 N. Rexford Dr.) wurden zu einem Begriff. Ironischerweise verdankten viele dieser Haupt- und Nebendarsteller ihre Hollywood-Karriere erst dem Zweiten Weltkrieg, in dessen Verlauf Anti-Nazi-Filme entstanden. Sie spielten darin jene Nazis (Offiziere, Parteiführer, SS- und SA-Leute), vor denen sie geflüchtet waren.

Nach 1942 bewohnte Marlene Dietrich noch andere, sehr geräumige, fast monströse Villen in dieser Gegend, die mit einem kleinen Abstecher zu erreichen sind: 400 N. Camden Dr., 716 N. Palm Dr., 801 Alpine Dr.

Der Komponist, der viele der Lieder geschrieben hat, mit denen Marlene Dietrich weltberühmt geworden ist, Frederick (Friedrich) Hollander (Holländer, 1896–1976), lebte damals, 1942, nicht allzu weit von Marlene Dietrichs Haus entfernt, und zwar oben in den Hollywood-Hügeln, 7357 Woodrow Wilson Dr.

Wir fahren weiter auf dem Roxbury Dr. in nördlicher Richtung, wobei wir noch einmal den Sunset Blvd. überqueren.

Marlene Dietrich, 1934.

George Gershwin malt Arnold Schönberg, 1937.

⑱ George Gershwin House 1019 Roxbury Drive

Als George Gershwin 1937 in Beverly Hills verstarb, bewohnte er dieses Haus erst seit einem Jahr. Der Freund und Tennispartner von Arnold Schönberg hatte sich aber schon früher häufig längere Zeit in Los Angeles aufgehalten, um für den Film zu arbeiten. Viele seiner bekannten Melodien sind hier entstanden.

Kurz nach Gershwins Haus gelangen wir wieder auf den Benedict Canyon Dr. Wir biegen rechts ein und fahren noch einmal zum Sunset Blvd., dem wir in Richtung Westen bis zur nächsten Straße folgen, dem Camden Dr., in den wir links einbiegen und dem wir bis kurz vor den Santa Monica Blvd. folgen. Wir parken vor dem inzwischen etwas veränderten Haus 505 N. Camden Dr., in dem ab 1938 für mehrere Jahre die aus Österreich stammende erfolgreiche Schauspielerin Hedy Lamarr gelebt hat. Dann gehen wir drei Häuser zurück.

⑲ Bruno und Liesl Frank House 513 Camden Drive

Der Schriftsteller Bruno Frank (1887–1945) und seine Frau Liesl, eine aktive Mitarbeiterin im European Film Fund, wohnten hier ab 1937. Das Haus der Franks wurde zum gesellschaftlichen Treff- und Fluchtpunkt vieler Emigranten, vor allem 1939 nach dem Hitler-Stalin Pakt. Der Literaturkritiker und Philosoph Ludwig Marcuse (1894–1971), der 1938 in die USA kam, schrieb darüber: »Als er zustande kam (der Hitler-Stalin Pakt), verließen wir, am Ende der westlichen Welt lebend, ganz energisch die Wirklichkeit – und zwar im Hause von Bruno und Liesl Frank, deren Heim unser liebster Unterstand wurde.« Und schon vorher bezeugten Erika und Klaus Mann: »Als wir die Franks in Beverly Hills zum ersten Mal besuchten, waren wir ganz gerührt. ›Aber es ist ja fast wie in München!‹ riefen wir aus [. . .] Dabei war in Wirklichkeit manches recht anders: Es gab Palmen vor der Tür, und das Mädchen, das nun den Tee hereinbrachte, war eine stattliche Negerin – keineswegs mehr ein ›Münchner Mädl‹ im Dirndlkleid – [. . .] kurzum, es war alles ein bißchen anders geworden. Trotzdem kam es uns vor, als wäre alles sehr ähnlich, wie es

Das Haus Liesl und Bruno Franks, heute.

immer bei Franks gewesen war. Denn diese beiden Menschen haben die sehr seltene Kraft und Fähigkeit, eine Atmosphäre um sich zu schaffen. Ob man sie in einem Londoner Apartmenthaus in einem Salzburger Garten oder in einer kalifornischen Villa besucht: Man fühlt sich immer gleich auf eine merkwürdige, kaum zu beschreibende Art zu Hause.« Liesl Franks Mutter, die Sängerin und Schauspielerin Fritzi Massary (1882–1969), wohnte nach ihrer Ankunft 1939 zunächst 606 Bedford Dr., dann 520 N. Canon Dr. und ab 1943 615 N. Rodeo Dr., also ganz in der Nähe von Camden Dr. Nach dem Tod von Bruno Frank zog sie zu ihrer Tochter.

⑳ Conrad Veidt House
617 Camden Drive

Mit dem Haus Nummer 617 entdekken wir das in dieser Nachbarschaft gespenstisch anmutende, verwinkelte Fachwerk- und Giebelhaus des expressionistischen Schauspielers Conrad Veidt (1893–1943), der dort in den vierziger Jahren wohnte. Es erinnert uns sofort an die unheimliche Welt des *Dr. Caligari.*

Nach diesem Ausflug gehen wir zum Santa Monica Blvd. zurück, überqueren ihn, biegen am South Santa Monica Blvd. links ein und gehen bis zum Rodeo Dr. Wir passieren dabei das berühmte Writers and Artists Building, Hausnummer 9507, in dem bedeutende Schriftsteller wie Ernest Hemingway (1899–1961) oder Billy Wil-

Das Haus Conrad Veidts, heute.

Conrad Veidt bei den Aufnahmen zu *The Man Who Laughes*, 1928.

der (geb. 1906) ihre Schreibbüros hatten und in dem noch immer bekannte Autoren wie Ray Bradbury (geb. 1920) wirken.

㉑ Rodeo Drive

Gehen wir den Rodeo Dr. in Richtung Süden, befinden wir uns im Modezentrum des amerikanischen Westens, wo internationale Modeschöpfer und Modefirmen ihre Büros und Ateliers haben. Betrachtet man die Schaufenster, hat man eine der elegantesten Straßen der Welt vor sich. Analysiert man die Baustile, findet man den oft üblichen Eklektizismus: Jugendstil, Art deco, antike Klassik, Postmoderne. Gelegentlich ist der Stil auch nur Fassade: So verbirgt sich hinter einer antiken Bauwerken nachgebildeten Wand ein nüchternes Parkhaus. Aber die exquisiten Mode- und Juweliergeschäfte und Kunstgalerien vermitteln einem das Gefühl, den Hauch der großen Welt zu verspüren, wobei man leicht vergißt, daß es dasselbe Los Angeles County ist, in dem es Armutsviertel, Gangkriege und kürzlich die schlimmsten »riots«

in der Geschichte der Vereinigten Staaten gab.

Schon nach zwei Querstraßen gelangen wir zum Wilshire Blvd.

㉒ Beverly Wilshire Hotel 9500 Wilshire Boulevard

Wir stehen vor dem mächtig wirkenden Beverly Wilshire Hotel, das wegen seiner Größe schon vom Santa Monica Blvd. aus sichtbar ist und den Rodeo Dr. wirkungsvoll abzuschließen scheint, obwohl er als Wohnstraße rechts am Hotel vorbeiführt. Das Beverly Wilshire Hotel gehört zu den elegantesten und teuersten Hotels von Los Angeles; hier mieten sich Stars auf Dauer ein und steigen Staatsoberhäupter ab. Der vordere Teil mit seinen Säulen und Verzierungen an der Eingangsfront und am obersten Stockwerk ahmt die italienische Renaissance nach; dahinter steht ein hoher Neubau. In früheren Jahrzehnten befanden sich dort Bungalows. In einem dieser Hotelbungalows wohnte für längere Zeit Erich Maria Remarque (1898–1970), der mit seinem Roman *Im Westen nichts Neues* Weltruhm errang und 1939 in die USA kam. Ein anderer bekannter Schriftsteller, der hier, aber auch im Garden of Allah Zimmer buchte, war Dashiell Hammett (1894–1961).

Zum Abendessen sollten wir von hier zu Fuß entweder zum Bistro, 246 N. Canon Dr., oder zum Bistro Garden, 176 N. Canon Dr., gehen. Beide Restaurants wurden von dem 1949 aus München ausgewanderten Kurt Niklas gegründet, der heute noch der Besitzer ist, und gehören seit ihrer Gründung, 1963 und 1978, zu den beliebtesten Speisegaststätten von Stars und Prominenten. Canon Dr. liegt zwei Straßen östlich vom Rodeo Dr.

Arnold Schönberg vor seinem Haus in Brentwood.

Vierte Fahrt
Vom Memorial Park zur Villa Aurora

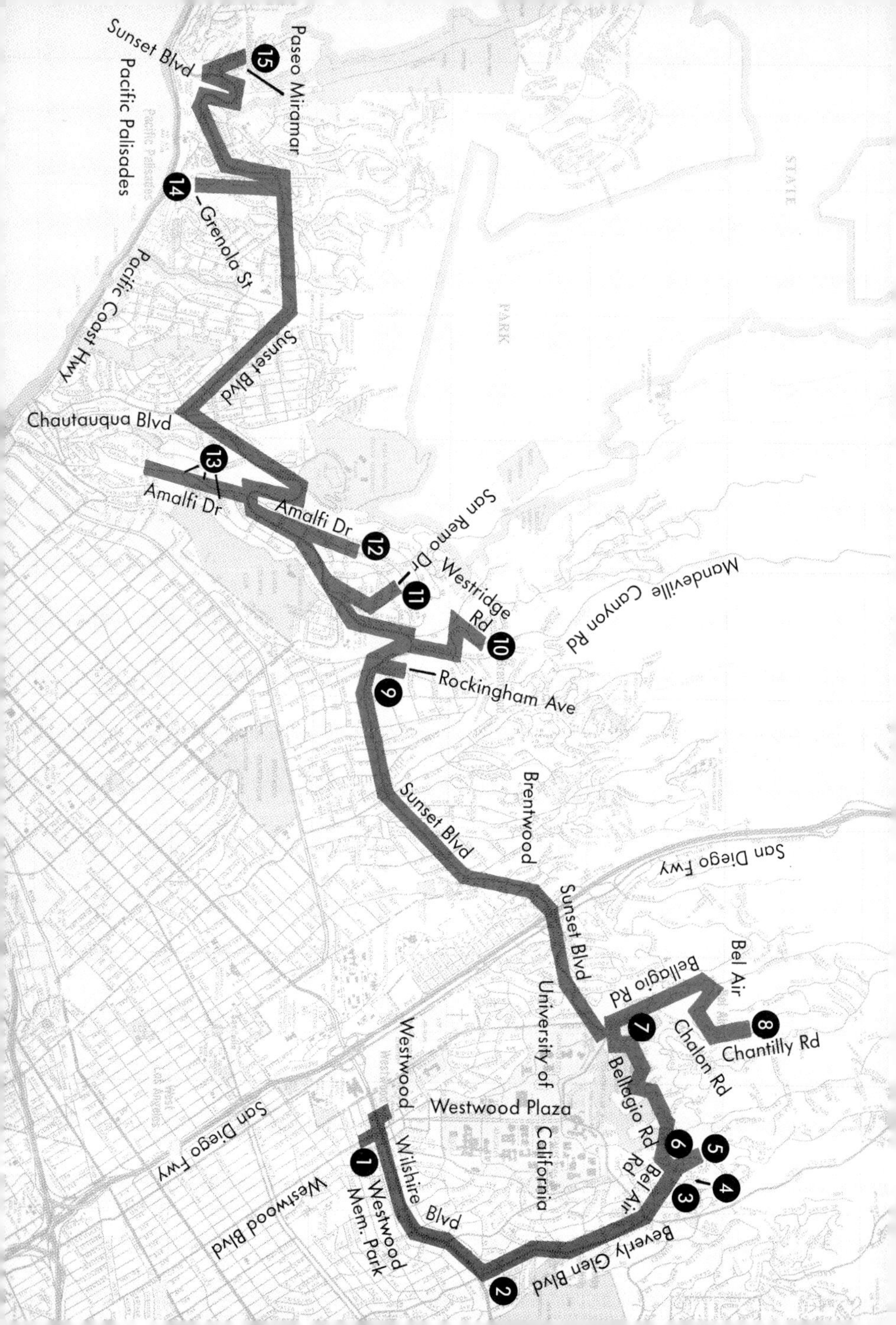

15
Paseo Miramar
Sunset Blvd
Pacific Palisades
14
Grenola St
STATE
PARK
Pacific Coast Hwy
Sunset Blvd
Chautauqua Blvd
13
Amalfi Dr
Amalfi Dr
12
San Remo Dr
11
Westridge Rd
10
Mandeville Canyon Rd
9
Rockingham Ave
Sunset Blvd
Brentwood
San Diego Fwy
Sunset Blvd
University of California
Bel Air
Bellagio Rd
7
8
Chalon Rd
Chantilly Rd
Bellagio Rd
Westwood
Westwood Plaza
6
5
4
3
Bel Air Rd
San Diego Fwy
1
Westwood Mem. Park
Wilshire Blvd
Westwood Blvd
Beverly Glen Blvd
2

Unsere vierte Fahrt beginnen wir im Westwood Village, das mit seinen mit roten Ziegelsteinfassaden versehenen, mittelgroßen Restaurants und Geschäften europäisch, um nicht zu sagen, britisch wirkt. Im Westwood Village treffen sich am Abend die Studenten der im Norden angrenzenden University of California at Los Angeles (UCLA). Im Süden begrenzen erst wenige Jahre alte Hochhäuser das Village, die zwar einen individuellen, abwechslungsreichen und ästhetisch interessanten Architekturstil aufweisen, aber zur »Manhattanisierung« von Westwood beigetragen haben, von der vor allem der Wilshire Blvd. geprägt ist. Wir beginnen unsere Besichtigung mit dem Westwood Village Memorial Park, dessen Eingang auf der Glendon Ave., einer Querstraße des Wilshire Blvd., liegt.

❶ Westwood Village Memorial Park, 1218 Glendon Avenue

Dieser eher kleine Friedhof liegt südlich der Hochhäuser vom Wilshire Blvd. direkt hinter einem Kinokomplex. Hier finden wir die Grabstätten von Josef von Sternberg, Truman Capote, Natalie Wood, Eve Arden, Donna Reed, Darryl Zanuck, John Cassavetes, um nur einige der Prominenten zu nennen. Am berühmtesten ist aber das Wandgrab von Marilyn Monroe. Zwei Wandgräber darüber befindet sich die Ruhestätte von Gitta Alpar (geb. 1900), der großen Opern- und Operettensängerin der zwanziger bis vierziger Jahre, die 1935 aus Nazi-Deutschland floh und 1991 starb.

Billy Wilder (links) und I. A. L. Diamond, der aus Rumänien emigrierte Co-Autor Billy Wilders.

Vom Westwood-Village-Friedhof wenden wir uns zum Wilshire Blvd., auf dem wir Richtung Osten weiterfahren, bis wir zum Beverly Glen Blvd. gelangen, wo wir links einbiegen.

❷ Billy Wilder Apartment 10 375 Wilshire Boulevard

Auf der rechten Seite des Beverly Glenn Blvd. befindet sich der Eingang zu dem Gebäude 10 375 Wilshire Blvd., in dem in einem der oberen Stockwerke geräumig und komfortabel einer der berühmtesten Emigranten, der Autor und Filmregisseur Billy Wilder, lebt. Bevor der in Galizien geborene Österreicher Billy Wilder (seine Mutter nannte ihn schon als Knaben Billie) nach Amerika kam, war er kurze Zeit Journalist in Wien und später Eintänzer, Gagschreiber und Drehbuchautor in Berlin. Auch in den USA, wohin er 1934 kam, begann er zunächst als Drehbuchautor, es drängte ihn dann aber, seine Drehbücher, die er hier immer mit Koautoren schrieb, selbst zu verfilmen. Dabei entwickelte er sich zu einem der bedeutendsten Regisseure für Komödien, Satiren, Romanzen und Kriminalfilme; nur Western drehte er nicht. Die englische Sprache erlernte er vorwiegend durch Sportreportagen; außerdem interessierte er sich für den Rhythmus und die Dramaturgie der damaligen Soapoperas (Trivial-Radiohörspiele), um bestimmte sprachliche Wendungen und szenische Strukturen, die bei Amerikanern populär sind, aufzufangen. Fritz Lang dagegen, der auch Western drehte, lernte die Sprache vorwiegend durch Comic strips und bereiste das Land, um Landschaften und Menschen zu studieren. Daher drehte er seine Western an den Originalschauplätzen.

Wir fahren den Beverly Glen Blvd. in Richtung Norden, bis wir wieder zum Sunset Blvd. gelangen, und biegen an dieser Kreuzung in die Bel Air Rd. ein. Durch eine weite Toreinfahrt gelangen wir direkt in das wohl teuerste Wohnviertel von Los Angeles.

Billy Wilder bei der Arbeit an dem Film, *One, Two, Three.* In der Mitte (der dritte von links) der Schauspieler Leon Askin, 1961.

Ernst Lubitsch in seinem Haus in Bel Air, 1935.

❸ Ernst Lubitsch House 268 Bel Air Road

Das Haus von Ernst Lubitsch (1892–1947) liegt völlig hinter Bäumen und Büschen versteckt. Ernst Lubitsch, der bereits 1922 von Berlin nach Hollywood ging, hat die Filmmetropole entscheidend beeinflußt und galt vielen Filmregisseuren, zum Beispiel Billy Wilder, als Vorbild. Filmgeschichte hat vor allem der sogenannte Lubitsch-Touch gemacht. Damit ist jener Stil gemeint, der im Stummfilm sprachlichen Witz durch subtile Szenen gestaltete und im Tonfilm das verbotene Direkte durch das erlaubte Indirekte ausdrückte. So durfte man zum Beispiel schon vor dem 1934 fixierten Hays Code (s. S. 38f.) keine Bettszenen zeigen. Stattdessen läßt Lubitsch einen Bediensteten durch das Schlüsselloch schauen und den Zuschauer an dessen Reaktionen genau verfolgen, was hinter dieser Tür geschieht. Und diese indirekte Darstellung übertrug Lubitsch auch auf andere Situationen und benutzte sie in Dialogen.

Wir folgen dem Bel Air Rd. noch ein Stück weiter und biegen dann rechts in die Amapola Lane ein.

❹ Walter Reisch House 420 Amapola Lane

Der Österreicher Walter Reisch (geb. 1903) war bereits ein erfolgreicher Drehbuchautor, als er 1933 von Deutschland nach Österreich zurückging und 1938 in die USA emigrierte, und es gelang ihm, sich auch in Hollywood durchzusetzen. Allerdings schrieb er hier wegen des Sprachproblems alle Drehbücher mit Koautoren. Die Struktur seiner Filme wie *Niagara, Gaslight* und *Titanic* folgt einem auf den Film übertragenen, strengen fünfstufigen Dramenaufbau, wie wir ihn von Lessing, Schiller und Gustav Freytag kennen: Exposition und Steigerung führen zum Höhepunkt, der über die Umkehr oder retardierenden Momente in die Katastrophe mündet. Zu diesem Prinzip hat sich Walter Reisch auch stets bekannt. Mit Ernst Lubitsch gehörte er zu den Vorbildern von Billy Wilder.

Walter Reisch hatte sich dieses große und innen doch gemütliche Haus, das

Walter Reisch bei einem Vortrag, 1976.

entfernt an ein Schweizer Bauernhaus erinnert, 1941 von dem bekannten Architekten, Wallace Neff, bauen lassen und wohnte hier bis zu seinem Tod im Jahre 1983. Viele berühmte Persönlichkeiten trafen sich hier, die auch noch nach seinem Tod gastfreundlich von seiner Frau, der Schauspielerin und Tänzerin Lisl Reisch (Hanl), und seiner Tochter Maria bewirtet wurden. Zu denen, die in diesem Haus häufig verkehrten, gehörten Raymond Chandler, Ernst Lubitsch, Billy Wilder, Alexander Korda, Otto Preminger und Walter Reischs Cousin, der Autor, Komponist und Kabarettist Georg Kreisler, der kurz vor Reischs Tod für einige Jahre wieder nach Los Angeles zurückgekehrt war. *Wir fahren zurück zur Bel Air Rd. und folgen ihr in Richtung Norden bis zur Ecke St. Cloud Rd.*

❺ Ronald Reagan House 668 St. Cloud Road

In Bel Air wohnen noch heute viele Stars, Produzenten und andere Prominente, zu denen auch der ehemalige Präsident der Vereinigten Staaten, Ronald Reagan, gehört, der einige seiner bekanntesten Filme mit dem aus Deutschland emigrierten Regisseur Curtis (Kurt) Bernhardt (1899–1981) drehte. Bernhardt zählte zu den besten Regisseuren Hollywoods und gab Ronald Reagan in dem Film *Juke Girl* (1942) die Hauptrolle des sozialen Revolutionärs. In dem Film geht es um Erntearbeiter und Bauern, die sich nicht mehr länger unterdrücken und ausbeuten lassen, sondern ihre Waren selbst verkaufen möchten, und Ronald Reagan spielte einen aufsässigen, wenn auch verträumten Landarbeiter, der durch

Der Regisseur Curtis Bernhardt bei der Arbeit an dem Film *Million Dollar Baby* mit Priscilla Lane und Ronald Reagan, 1942.

die Intrigen eines Großunternehmers, des Packerkönigs Madden, unter Mordverdacht gerät.
»Reagan war als Mitarbeiter sehr angenehm, ein netter Junge, man konnte mit ihm leicht arbeiten. Als Schauspieler war er nicht unintelligent, nicht unbegabt«, äußerte im nachhinein Curtis Bernhardt, der mit Reagans Amtsführung als Präsident keineswegs übereinstimmte. Und Präsident Reagan schrieb zum Tode von Curtis Bernhardt unter anderem: »(...) Nancy und ich haben sehr gern unter seiner (Bernhardts) Regie gearbeitet. Er brachte das rechte Maß an Disziplin und einen unermeßlichen Grad an Kunst in seine Arbeit. Wir waren alle glücklich, daß wir unser Talent in jener Zeit erproben konnten, die, wie ich glaube, Hollywoods ›goldene Zeit‹ war (...)«
Wir fahren die Bel Air Rd. zurück bis zur Kreuzung Copa de Oro Dr.

❻ Otto Preminger House 333 Bel Air Road

Die riesige Villa auf dem Eckgrundstück Bel Air Rd. und Copa De Oro Dr. zeigt Anlehnungen an den englischen Tudorstil: spitze Dächer, hervortretender Schornstein, in Teilen Ziegelsteinfront und Fachwerkeinlagen. Hier lebte von 1944 bis zu seinem Umzug nach New York im Jahre 1955 der aus Österreich stammende Regisseur Otto Preminger, der zu den ersten Regisseuren und Produzenten gehörte, die den Hays Code (s. S.

Das Haus von Otto Preminger, heute.

38f.) erfolgreich durchbrachen. Er zeigte vielfach den Mut, Tabus zu durchbrechen: So drehte er als erster Hollywood-Regisseur einen Film nur mit Afroamerikanern, *Carmen Jones* (1954), oder stellte in *The Man With the Golden Arm (Der Mann mit dem goldenen Arm,* 1955) einen Drogensüchtigen in den Mittelpunkt der Handlung. Aber auch sonst gehören seine Filme zu den bekanntesten, die in Hollywood gedreht wurden – seien es Literaturverfilmungen, Streifen der Schwarzen Serie, Western oder historische Filme.
Vor Preminger lebte in diesem Haus von 1942 bis 1944 der Schriftsteller Emil Ludwig, dessen nächstes Domizil wir noch besuchen werden.

Otto Preminger, 1942.

Wir folgen kurz dem Copa De Oro Dr. und biegen dann in die kurvenreiche Bellagio Rd. ein und bewundern dabei einige der interessantesten Villen von Bel Air, darunter das große Villenhaus der Nummer 10788, in dem der aus Österreich emigrierte Schauspieler Oskar Homolka lebte.

❼ Alfred Hitchcock House 10957 Bellagio Road

In diesem mittelgroßen Wohnsitz im Ranch-Stil, der neben einem Golfplatz liegt, kreierte der unübertroffene Meister des Suspense, Alfred Hitchcock (1899–1980), mehrere Jahrzehnte lang die großartigsten Tricks, um mittels Filmaufbau, Figurenpsychologie und Schnitttechnik Spannung zu erzeugen. Er arbeitete alle Szenen, wie sein Vorbild Fritz Lang, bereits zu Hause aus, so daß das Filmen selbst für ihn dann eher langweilig war. Er hatte alles bereits im Kopf vorweggenommen.
Wir folgen weiter der Bellagio Rd. und biegen dann in die Chantilly Rd. ein.

❽ William Thiele House 1054 Chantilly Road

Vor uns liegt das eher bescheidene, aber gemütliche Haus von William (Wilhelm) Thiele (1890–1975). Thiele, einer der erfolgreichsten Regisseure der späten Weimarer Republik, der als erster die Musik nicht nur zur Untermalung, sondern als integrierten Bestandteil der Handlung einsetzte, konnte in Hollywood nicht ganz an seine früheren Leistungen

Alfred Hitchcock.

anknüpfen. Zwar drehte er eine Reihe von Lichtspielen, die wie die *Tarzan*-Filme große Popularität errangen, doch jene Filme, die ihn künstlerisch befriedigten, hatten kaum Erfolg.

Wir kehren wieder um und nehmen den kürzesten (beschilderten) Weg zum Sunset Blvd., den wir in Richtung Westen befahren. Wir befinden uns sehr bald in Brentwood, einem anderen wohlhabenden Wohnbezirk von Los Angeles, in dem viele große Villen inmitten von Bäumen und blühenden Sträuchern stehen. Auf dem Sunset Blvd. fahren wir bis zur Abzweigung North Rockingham Ave.

❾ Arnold Schönberg House
116 North Rockingham Avenue

In der geräumigen, spanisch anmutenden Villa mit dem davorliegenden Rundplatz lebte von 1935 bis zu seinem Tod im Jahr 1951 der Komponist Arnold Schönberg (geb. 1874). Heute wohnen hier sein Sohn Ronald und dessen Ehefrau Barbara, die Tochter des aus Österreich emigrierten Komponisten Eric Zeisl (1905–1959).

Arnold Schönberg gehört zu den einflußreichsten Persönlichkeiten unseres Jahrhunderts. Was er für die Musik und ganz allgemein für die Kunsttheorie geleistet hat, ist mit dem vergleichbar, was Albert Einstein, der ebenfalls für einige Zeit in Los Angeles lebte, aber dann nach Princeton ging, für die Physik und die Naturwissenschaften leistete. Jeder ernstzunehmende Komponist unserer Zeit muß sich mit Arnold Schönbergs Zwölftontechnik, zumindest theoretisch, befassen, denn sonst fehlt ihm ein wesentlicher Teil der modernen Tradition, was sofort erkennbar ist. Aber auch die Leistungen Schönbergs als Maler und Autor werden immer mehr gewürdigt.

Arnold Schönberg (re.) zusammen mit Albert Einstein (Mitte) und Leopold Godowsky.

Um die Zwölftonmusik focht Schönberg in seinen letzten Lebensjahren einen schwerwiegenden Disput mit dem nur einige Kilometer entfernt wohnenden Thomas Mann aus.
Thomas Mann beschreibt im 22. Kapitel seines in Los Angeles entstandenen Romans *Doktor Faustus,* wie der an Syphilis erkrankte Adrian Leverkühn während eines Migräneanfalls das zerebral-konstruktive System der Zwölftontechnik entwickelt. Dieses System hatte sich Thomas Mann nicht von Schönberg selbst, den er kannte, sondern von Theodor W. Adorno (1903–1969), der damals ebenfalls in Los Angeles wohnte, erklären lassen. Sein Romankapitel, das bald Berühmtheit erlangte, löste einen teilweise unfreundlichen Briefwechsel zwischen den beiden Größen des Exils aus. Außerdem wandte sich

Schönberg direkt an die Öffentlichkeit. So schrieb er am 13. November 1948, ein Jahr nach Erscheinen des Romans, an die *Saturday Review* (der deutsche Originaltext ist im Arnold Schoenberg Institute der University of Southern California einzusehen): »Thomas Mann hat in seinem Roman *Doktor Faustus* unerlaubten Vorteil gezogen. Er hat als Helden dieses Romans einen erdichteten Komponisten geschaffen, und, um diesen mit solchen Eigenschaften auszustatten, die ein Romanheld braucht, hat er ihn zum Schöpfer meines irrtümlicherweise sogenannten ›System der zwölf Töne‹ gemacht, welches korrekterweise von mir ›Methode des Komponierens mit zwölf Tönen‹ genannt wird. Er tat das ohne meine Erlaubnis und sogar ohne mein Vorwissen. Mit anderen Worten: er hat es sich ausgeborgt, als der Eigentümer abwesend war. Der Berater und Unterweiser war ein früherer Schüler meines verstorbenen Freundes Alban Berg, Herr Wiesengrund Adorno. Dieser ist gut unterrichtet über all die wirklichen Details dieser Technik und war dadurch wohl befähigt, Herrn Mann eine ziemlich genaue Beschreibung dessen zu geben, was ein Laie – der Dichter – benötigt, um einem anderen Laien – dem Leser – glauben zu

Das Haus Theodor W. Adornos, heute.

Arnold Schönberg im Kreis seiner Familie. Von links nach rechts: Lawrence, Arnold Schönberg, Gertrude, Ronald und Nuria.

machen, daß er versteht, was da los ist. Aber trotz dieser Oberflächlichkeit war es doch mein Eigentum [...]« Später kommt Arnold Schönberg zu seinem eigentlichen Vorwurf: »Leverkühn ist von Anfang bis Ende als geistig unbalanciert dargestellt. Ich bin jetzt 74 und bin nicht geistesgestört, und ich habe niemals diese Krankheit erworben, von der jene Art Irrsinn hervorgerufen wird. Ich betrachte das als eine Beleidigung, für die ich vielleicht werde Rechenschaft verlangen müssen [...]« Denn als Thomas Mann am 15. Januar 1948 Arnold Schönberg das Buch *Doktor Faustus* mit der Widmung »Arnold Schönberg, dem Eigentlichen, mit ergebenem Gruß« widmete, hatte diese Geste den Komponisten eher verstimmt als erfreut. Er schrieb darüber: »Da es unnötig ist, mir zu sagen, daß ich ein ›Eigentlicher‹ bin, so wollte er mir offenbar damit sagen, daß sein Leverkühn mich personifiziert.«

Arnold Schönberg hat nie für den Film gearbeitet, obwohl er einmal auf eine Anfrage einging, mit Absicht aber eine so hohe Gage forderte, daß die Ablehnung unausweichlich war. Er schrieb darüber an Alma Mahler-Werfel: »Dann hätte ich beinahe eingewilligt, eine Musik zu einem Film zu schreiben, habe aber glücklicherweise 50 000 Dollar verlangt, was,

ebenfalls glücklicherweise, zu viel war, denn ich wäre darüber zugrunde gegangen [. . .]«
Anders verhielt sich sein Schüler Hanns Eisler (1898–1962), der zwischen 1937 und 1947 in Los Angeles lebte und mit dem Komponieren von Filmmusik Geld verdiente. Er wäre in Los Angeles geblieben, wenn man ihn nicht während der berüchtigten McCarthy-Ära wegen seiner Zugehörigkeit zur kommunistischen Bewegung gezwungen hätte, das Land zu verlassen. Zu Beginn des kalten Krieges fand in den USA eine Art Hexenjagd auf Mitglieder oder Sympathisanten der kommunistischen Partei statt, von der auch und vor allem Hollywood als Multiplikator von Anschauungen und Ideen betroffen war. Viele Hollywooder Künstler verloren ihre Positionen oder kamen sogar ins Gefängnis, wenn sie sich weigerten, vor den Ausschüssen des Kongresses auszusagen.
Wer das Haus von Theodor W. Adorno besuchen möchte, fährt noch einmal einige Straßen auf dem Sunset Blvd. zurück in Richtung Bel Air und biegt rechts in die Kenter Ave. ein. Bald findet er unter der Nummer 316 das Monterey Style Haus, in dem Theodor W. Adorno einige Jahre wohnte.
Wir fahren weiter auf dem kurvenreichen Sunset Blvd. in Richtung Westen und gelangen in der nächsten Talsohle zum Mandeville Canyon. Hier biegen wir rechts ein und fahren bei der nächsten Abzweigung links die Westridge Rd. hinauf.

⑩ Fred Zinnemann House 1766 Westridge Road

Wir stehen vor zwei größeren Häusern im Ranch-Stil mit einer breiten Einfahrt in der Mitte und einem Aussichtsplatz am Ende. Hier wohnt seit Jahrzehnten einer der großen Filmmagier, Fred Zinnemann (geb. 1907). Da er seit drei Jahrzehnten noch einen zweiten Wohnsitz in London hat und sich dort immer häufiger aufhält, hat er kürzlich das rechte Haus verkauft.
Fred Zinnemann ist ein Regisseur, der wie kaum ein zweiter Geschichten und Psychologie in optische, sukzessive Erzähltechnik umzusetzen vermag. Er geht dabei weniger architektonisch-statisch vor als Fritz Lang. Außerdem beweist er in seiner Regie viel Einfühlungsvermögen und Präzision. Nur aufgrund dieser Fähigkei-

Fred Zinnemann, 1981.

ten ist es zu verstehen, daß es ihm als gebürtigem Wiener gelungen ist, den immer noch bedeutendsten amerikanischen Western, *High Noon (Zwölf Uhr mittags,* 1952), den populärsten amerikanischen Film über den Kriegseintritt in Pearl Harbor, *From Here to Eternity (Verdammt in alle Ewigkeit,* 1953), und den beliebtesten amerikanischen Musicalfilm, *Oklahoma* (1955), zu drehen. Zudem gelang es ihm, obwohl er jüdischer Herkunft ist, glaubwürdige Filme über den Konflikt zwischen Katholizismus und Privatleben, *The Nun's Story (Geschichte einer Nonne,* 1958), Katholizismus und Atheismus, *Behold a Pale Horse (Deine Zeit ist um,* 1963), und Katholizismus und Staatsraison, *A Man for All Seasons (Ein Mann zu jeder Jahreszeit,* 1966), in Szene zu setzen.

Fred Zinnemann gehörte 1929 zu jenen sechs Filmschaffenden, die in Berlin *Menschen am Sonntag* drehten, einen halbdokumentarischen, der Neuen Sachlichkeit zuzurechnenden Film mit Laiendarstellern, und die dann einige Jahre später Hollywood entscheidend mitgeprägt haben. Die anderen heißen: Robert und Curt Siodmak (der eine Regie, der andere Filmgeschichte und Drehbuch), Billy Wilder (Drehbuch), Edgar G. Ulmer (Regieassistent) und Eugen Schüfftan (Kamera, Assistent von ihm war Fred Zinnemann).

Wir kehren um und fahren zurück zum Sunset Blvd., der nun wieder ansteigt. Wir befinden uns bereits im Stadtteil Pacific Palisades. Auf dem Berggipfel angekommen, biegt rechts der San Remo Dr. ab, dem wir folgen. Wir passieren dabei die Nebenstraße D'Este Dr., wo in der geräumigen Ranch Style Villa mit der Nummer 13 524 zwischen 1942 und 1948 Max Horkheimer (1895–1973) lebte, und gelangen danach zu der Einfahrt 1550 San Remo Drive.

⓫ Thomas Mann House
1550 San Remo Drive

Wir parken vor der Einfahrt und gehen einige Meter zu Fuß, bis wir das Haus selbst sehen. Thomas Mann ließ es 1941 von den deutschen Emigranten Ernst Schlesinger (Bau) und Paul Huldschinsky (Innenausstattung) erbauen und lebte hier zwischen 1942 und 1952. Er hat sowohl in Briefen als auch in seinen Tagebüchern das Entstehen dieser »von nüchterner Sachlichkeit« geprägten Villa beschrieben. Hier und an jenen Orten, wo er zuvor in Los Angeles gewohnt hatte (1940: 441 N. Rockingham Ave., einem Sommerhaus, 1941: 740 Amalfi Dr.), entstanden einige Werke, die zu den

Thomas und Katia Mann mit Erika in Pacific Palisades, 1949.

Das Haus Thomas Manns, heute.

bedeutendsten der deutschen Literatur zählen: die Romane *Lotte in Weimar* (zum großen Teil 1940 im Sommerhaus), *Der Erwählte, Joseph, der Ernährer* und *Doktor Faustus* sowie die Erzählung *Das Gesetz*. Außerdem schrieb er hier Teile von *Felix Krull* und einige weitere Erzählungen.

Thomas Mann äußerte sich einmal rückblickend, wie folgt: »[. . .] dort, in den Hügeln der Bucht von Santa Monica, nahe dem Pazifik, haben wir uns dann ein eigenes Heim errichtet, wo ich länger als ein Jahrzehnt, natürlich auch dort, wie es überall gewesen wäre, dem Druck der oft würgenden Not der Zeit ausgesetzt, aber doch unter relativ milden und zuträglichen Umständen gelebt und gearbeitet habe.« Letzten Endes war ihm auch »das Movie Gesindel in Hollywood im Grunde lieber« als die »Gelehrten-Atmosphäre« von Princeton, wo er eine Zeitlang lehrte und vor der er sich etwas fürchtete. Vor allem mochte er das Klima in Los Angeles, und er schätzte es, daß seine Kinder hier die Möglichkeit hatten, Musik zu studieren. Otto Klemperer, Bruno Walter, Artur Rubinstein, Wladimir Horowitz, Jascha Heifetz, Gregor Piatigorsky, Henry Temianka, Lotte Lehmann wirkten, lebten oder lehrten hier, von den Komponisten wie Arnold Schönberg, Igor Strawinsky, Erich Wolfgang Korngold, Ernst Toch, Mario Castelnuovo-Tedesco, Eric Zeisl, George Gershwin, Sergej

Rachmaninow ganz zu schweigen. Einige der genannten Künstler hielten sich zwar nur einige Jahre in Los Angeles auf, aber die meisten blieben sehr lange oder für immer.
Die Exilierten selbst und die amerika-

Thomas Mann mit Widmung an seinen Sekretär Konrad Katzenellenbogen (Kellen), 1943.

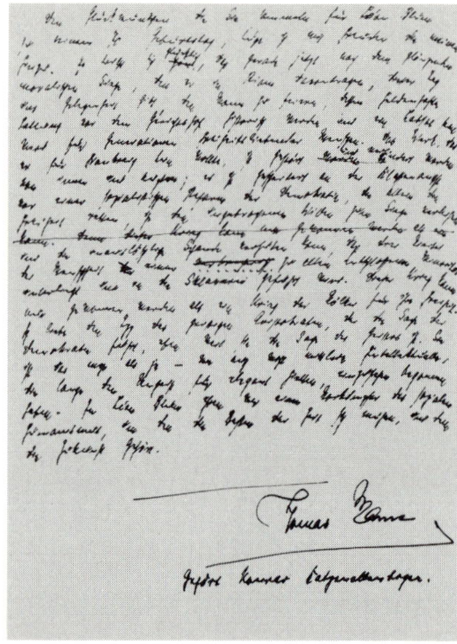

Bisher verschollener Brief Thomas Manns zum Geburtstag von Leon Blum, 1942.* Leon Blum (1872–1950) war französischer Ministerpräsident, der sich gegen den Faschismus in Frankreich engagierte.

* Den Glückwünschen, die Sie sammeln für Leon Blum zu seinem 70. Geburtstag, füge ich mit Freuden die meinen hinzu. Es trifft sich glücklich, daß gerade jetzt, nach dem glänzenden moralischen Siege, den er in Riom davongetragen, dieser Tag uns Gelegenheit gibt, den Mann zu feiern, dessen heldenhafte Haltung vor dem Gerichtshof historisch werden und ein Labsal sein wird für Generationen freiheitsliebender Menschen. Das Werk, das er für Frankreich tun wollte, ist gestört und verhindert worden von innen und außen; es ist gescheitert an der Klassenangst vor einer sozialistischen Reform der Demokratie, die allein die Freiheit retten, ihr den ungebrochenen Willen verleihen und die unauslöschliche Schande verhüten kann, daß drei Viertel der Menschheit einer verbrecherisch zu allem entschlossenen Minorität unterliegt und in die Sklaverei geführt wird. Dieser Krieg kann nur gewonnen werden als ein Krieg der Völker für ihre Freiheit. Ich liebe den Typ des geistigen Aristokraten, der die Sache der Demokratie führt, eben weil sie die Sache des Geistes ist. Sie ist das mehr als je – wie wohl auch mittlere Intellektuelle, die lange den Ungeist für elegant hielten, einzusehen begonnen haben. In Leon Blum ehren wir einen Vorkämpfer des sozialen Humanismus, um den die Besten der Zeit sich mühen, und dem die Zukunft gehört. Thomas Mann

nische Öffentlichkeit, einschließlich Präsident Roosevelt, sahen in Thomas Mann, der 1938 in die USA kam, bald den Repräsentanten der Emigranten. Die einflußreiche Zeitung *The New Yorker* bezeichnete ihn am 13. Dezember 1941 als »Goethe in Hollywood«, und Ludwig Marcuse schrieb nicht ohne einen gewissen Sarkasmus: »(Mann) war der Kaiser aller deutscher Emigranten (. . .) Von ihm wurde alles erwartet, ihm wurde alles verdankt, er wurde für alles verantwortlich gemacht (. . .) Daß in Amerika nichts ohne Thomas Mann ginge, war die Meinung aller.«
Tatsächlich hatte er sich sofort für gefährdete Künstler in Europa eingesetzt und zusammen mit Bruno Frank erreicht, daß die Deutschen während des Zweiten Weltkrieges nicht, wie die Japaner, interniert wurden. Eine nächtliche Ausgangssperre für Deutsche (nicht für Österreicher) blieb aber lange Zeit bestehen.
Obwohl Thomas Mann ursprünglich die Absicht hatte, für immer in Kalifornien zu bleiben, siedelte er 1952 in die Schweiz über. Die alte europäische Tradition, die er wie kaum ein zweiter noch verkörperte, war doch zu stark. Außerdem bestürzte ihn die damalige Verfolgung von Kommunisten und deren Sympathisanten, die seine Tochter Erika, die immer mehr zu seiner engsten Vertrauten wurde, persönlich zu spüren bekam. Er sah Freiheit und Demokratie als bedroht an.
Wir kehren wieder auf den Sunset Blvd. zurück und biegen nach einiger Zeit nach rechts in den Amalfi Dr. ein.

Vicky Baum, 1938.

⓬ Vicky Baum House
1461 Amalfi Drive

Die riesige zweistöckige Villa mit Garagenaufbau bewohnte Vicky Baum (1888–1960) von 1933 bis 1942. Sie war nach Hollywood gekommen, als ihr berühmtester Roman, *Menschen im Hotel* (1929), dort verfilmt wurde, und blieb bis zu ihrem Tod in der Filmstadt. Vicky Baum gehört zu den wenigen Autoren, die sich bemühten, in der Sprache ihres Exillandes zu schreiben, und die auch Erfolg hatten.

⓭ Die Häuser von Thomas Mann, Luise Rainer, Aldous Huxley, Emil Ludwig, Hanns Eisler
740, 701, 689 Amalfi Drive

Südlich vom Sunset Blvd. finden wir mit der Nummer 740 das Ranch Style Haus, in dem 1941 Thomas Mann und danach die Schauspielerin Luise Rainer (geb. 1902) wohnten, mit der Nummer 701 das umgebaute Haus, in dem 1941 Aldous Huxley und 1942 für

Hanns Eisler, 1947.

kurze Zeit Emil Ludwig lebten. Ebenfalls umgebaut ist das Haus Nummer 689, wo vorübergehend Hanns Eisler lebte.

Zurückgekehrt zum Sunset Blvd., fahren wir links hinunter in eine Talschlucht mit dem Eingang zum Will Rogers State Park, passieren beim Anstieg die Abzweigung Brooktree Rd., wo unter der Nummer 728 noch immer der große österreichische Bühnenbildner Harry Horner (geb. 1910) lebt, fahren auf der Anhöhe durch das Einkaufszentrum von Pacific Palisades und biegen nach einer weiteren Tal- und Bergfahrt links in die Baylor St. ein. Die Verlängerung führt zur Grenola St.

⓮ Emil Ludwig House 303 Grenola Street

In dem fast riesig wirkenden Haus mit dem großen Flügel- und Mittelbau lebte 1944/45 Emil Ludwig (1881–1948). Er gehörte mit seinen Biographien über Napoleon, Bismarck, Goethe, Lincoln, Roosevelt, Michelangelo usw. ebenfalls zu den wenigen Erfolgsautoren der deutsch-österreichischen Emigranten, zu denen eigentlich nur noch (abgesehen von einigen Filmautoren) Thomas Mann, Franz Werfel, Lion Feuchtwanger, Curt Siodmak, Frederick Kohner, Felix Jackson und ganz besonders B. Traven und Vicky Baum zu zählen sind. Emil Ludwig galt als der »größte lebende Autor von Biographien« und hat mit seinen Werken großen Einfluß auf das Geschichtsbewußtsein seiner amerikanischen Zeitgenossen ausgeübt.

Unser nächstes Ziel, die Villa Aurora, erreichen wir, indem wir zum Sunset Blvd. zurückfahren und nach einigen

Harry Horner, 1976.

Das Haus von Emil Ludwig, heute.

Kurven nach rechts in den Paseo Miramar einbiegen. Kurz zuvor kann man während einer Talfahrt bereits einen Teil der auf einem Hügel liegenden Villa sehen.

⓯ Villa Aurora: Das Lion Feuchtwanger House 520 Paseo Miramar

In diese spanische, palastartige Villa mit über zwanzig Räumen und echter spanischer Innenausstattung zogen 1943 Lion Feuchtwanger (1884–1958) und seine Frau Marta (1891–1987) ein. Beide sollten bis zu ihrem Tod hier wohnen bleiben. Bereits zu ihren Lebzeiten waren die riesige Bücherei mit Erstdrucken und Inkunabeln, die Lesungen Feuchtwangers und später die geistreichen Bibliotheksführungen der bereits hochbetagten Frau Marta legendär.

Die Feuchtwangers führten ein gastliches Haus. Beim geselligen Beisammensein lasen Feuchtwanger oder andere Autoren aus ihren Werken, und anschließend wurde diskutiert. Wenn Thomas Mann anwesend war, hatte er den Vorrang. Allerdings wurde er nicht von allen, die im Haus Feuchtwanger verkehrten, bewundert. Das hing nicht zuletzt mit seinen politischen Haltungen und Einschätzungen zusammen. Kontrovers diskutiert wurde die Frage, wie Nachkriegsdeutschland zu behandeln sei und wer Hitler zur Macht verholfen habe: Wähler aus allen Schichten des deutschen Volks, wie Thomas Mann es sah, oder nur die Machenschaften des Großbürgertums und des Kapitals,

Das Haus Lion Feuchtwangers, Villa Aurora.

was Brecht vertrat. Die Arbeiterklasse sei unschuldig und fast einmütig gegen Hitler gewesen und dürfe nicht bestraft werden. Doch gab es auch andere Gründe, weshalb Brecht das »Reptil« Mann haßte und in seinem *Arbeitsjournal* aus der damaligen Zeit besonders scharf attackierte.

Zum Feuchtwanger-Kreis gehörten neben Brecht, mit dem Feuchtwanger auch zusammenarbeitete, und Thomas Mann unter anderem Heinrich Mann und Ludwig Marcuse. Ein weiterer gesellschaftlicher Treffpunkt war, wie bereits erwähnt, der Salon von Alma Mahler-Werfel. Es gab jedoch nur wenige, die in beiden Zirkeln verkehrten. Wenn auch alle Exilierten unter der Vertreibung aus Deutschland und unter den zumeist schwierigen Lebensbedingungen in den Fluchtländern litten, so bildeten sie doch keine Einheit. Politische und weltanschauliche Differenzen traten weiterhin deutlich zutage. So erschienen im Haus Feuchtwanger zum Beispiel kaum Emigranten mit rechtsgerichteten politischen Einstellungen.

Feuchtwanger sympathisierte in dieser Zeit mit der Sowjetunion. In seinem Buch *Moskau 1937,* das er über seine Reise in die Sowjetunion, die er 1936 begonnen hatte, schrieb, erklärte er Stalin fast zum Heiligen, verteidigte die Moskauer Schauprozesse und brandmarkte Trotzki als Verräter.

Der sonst humanistisch denkende Feuchtwanger schrieb, damals noch in Frankreich lebend: »Ich lege also Zeugnis ab«, und war davon überzeugt, daß Stalin, »dieser gescheite, überlegene Mann«, die »zunehmende Demokratisierung« erreicht habe und

Lion Feuchtwanger in seinem Arbeitszimmer, 1948.

Brecht (Mitte), Marta und Lion Feuchtwanger auf der Terrasse ihrer Villa in Pacific Palisades.

daß zu dessen »ethischer Vernunft [. . .] man von Herzen Ja, Ja, Ja sagen kann«. Entschieden lehnte er die Vermutung ab, die einmütigen Schuldgeständnisse der Angeklagten seien durch Folter oder Drogen erpreßt worden. Es waren »Geständnisse auf Wahrheit beruhend [. . .] Weil sie (die Angeklagten) nämlich während der Voruntersuchung durch Zeugen und Dokumente dergestalt überführt waren, daß Leugnen sinnlos wäre«. Zur Verteidigung Stalins war er zum zweiten Mal bereit (wie bereits während des Ersten Weltkrieges), seinen Pazifismus aufzugeben: »Humanität kann man dem Menschengeschlecht nur mittels Kanonen beibringen«, stimmte er seiner Dramengestalt Warren Hastings bei. Nach 1945 galten seine Sympathien Stalin und Ulbrichts Ostdeutschland und nicht der späteren Bundesrepublik.

Feuchtwanger schrieb in seiner Prachtvilla einige seiner wichtigsten Romane, *Die Brüder Lautensack* (1944), *Waffen für Amerika* (1947/48), *Goya oder Der arge Weg der Erkenntnis* (1951), *Jefta und seine Tochter* (1957) sowie den Bericht *Unholdes Frankreich* (1942), der seine Erfahrungen im französischen Exil verarbeitet, und die Fragment gebliebene Abhandlung *Das Haus der Desdemona oder Größe und Grenze historischer Dichtung.*

Heute wird das Feuchtwanger-Haus durch einen Freundeskreis in der Bundesrepublik Deutschland und mit Finanzhilfe der Bundesregierung renoviert. Es soll eine Begegnungsstätte für Deutsche und Amerikaner werden und wäre damit der einzige Wohnort eines wegen Hitler Emigrierten, der in Los Angeles zur Gedenkstätte wird.

Vom Feuchtwanger-Haus fahren wir zurück zum Sunset Blvd. und dann zum Pacific Coast Highway, um in einem Restaurant in Malibu oder in Santa Monica ein gutes Fischgericht zu genießen.

Ocean Avenue.

Fünfte Fahrt
Die Villen am Meer und die Studios in Culver City

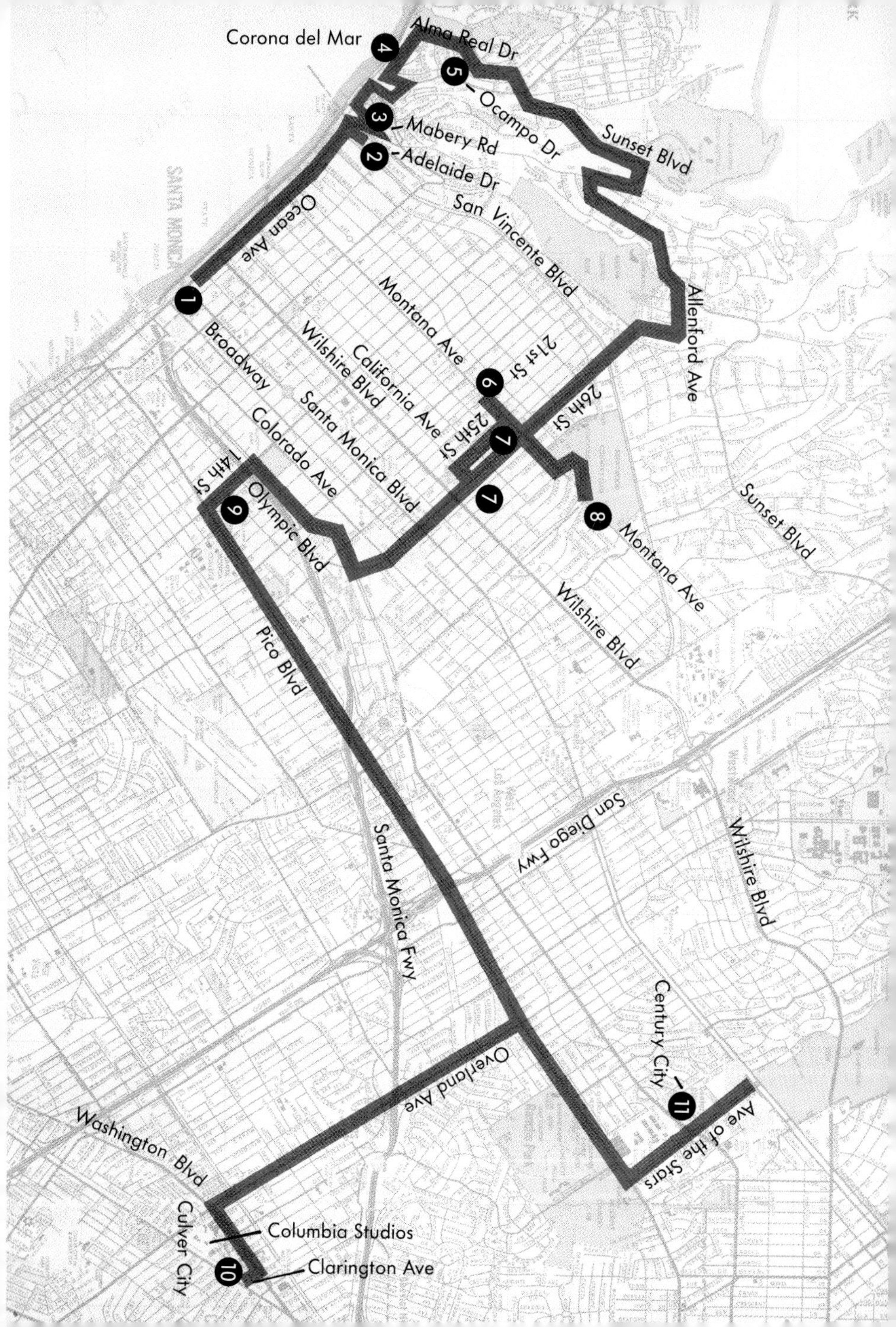

Corona del Mar
Alma Real Dr
Ocampo Dr
Mabery Rd
Adelaide Dr
Sunset Blvd
San Vincente Blvd
Ocean Ave
Allenford Ave
Montana Ave
Broadway
Wilshire Blvd
California Ave
21st St
Santa Monica Blvd
25th St
26th St
Colorado Ave
14th St
Olympic Blvd
Montana Ave
Sunset Blvd
Wilshire Blvd
Pico Blvd
San Diego Fwy
Wilshire Blvd
Santa Monica Fwy
Century City
Overland Ave
Ave of the Stars
Washington Blvd
Culver City
Columbia Studios
Clarington Ave
1
2
3
4
5
6
7
7
8
9
10
11

Wir beginnen unsere fünfte Fahrt am Palmenpark an der Ocean Avenue in Santa Monica.

❶ Ocean Avenue

Zunächst promenieren wir durch den Palmenpark, der zwischen der Ocean Ave. und dem Klippenrand liegt, von wo der Park unmittelbar zum Pacific Coast Highway abfällt. Der Park erstreckt sich circa drei Kilometer lang zwischen der Santa Monica Peer in südlicher und dem San Vicente Blvd. in nördlicher Richtung. Leider wird er von Jahrzehnt zu Jahrzehnt immer schmaler, da Regengüsse die weiche Erde wegspülen und deshalb das Schutzgeländer immer weiter nach innen verlegt werden muß.
Der Park an der Ocean Ave. war ein beliebter Treffpunkt der Emigranten und ist noch heute das Ziel vieler Ausflügler, die hier an Wochenenden ihr Picknick halten. Es sind vorwiegend ältere Leute, die dann auch Karten oder andere Gesellschaftsspiele spielen. Noch vor zwei Jahrzehnten konnte man hier mehr Deutsch, Polnisch oder Jiddisch als Englisch hören. Heute vernimmt man diese Sprachen zwar immer noch, findet aber unter den Fremdsprachigen mehr Mexikaner als Europäer. Außerdem ist der südliche Teil der Ocean Ave. zunehmend zu einem »Hauptquartier« der Obdachlosen geworden.
Man hat von hier einen herrlichen Blick auf den Ozean, auf die Hügel von Pacific Palisades sowie auf die hohen Santa-Monica-Berge im Norden. Blickt man nach Süden, sieht

Ocean Avenue.

man den Pier mit seinem Karussellhaus, dessen in Deutschland geschnitzte Pferde durch viele Filme berühmt geworden sind. Vor Jahren gab es in diesem Karussellhaus Apartments für Schriftsteller, in denen zum Beispiel Tennessee Williams (1914–1983) gerne wohnte. Man war mitten im Leben: halb Zirkus, halb Meeresstille.
Oder man schaut von der Ocean Avenue auf den Stadtteil Venice und auf die hügelige Halbinsel Pales Verdes. Und wenn das Wetter klar ist, sieht man auch fern im Ozean Catalina Island.
Viele der anregendsten Gespräche in der Emigrantenkolonie haben hier stattgefunden, und viele Schriftsteller haben hier Inspirationen zu neuen

Santa Monica Peer mit Karussell Haus.

Werken gefunden. Doch auch traurige Aspekte des Emigrantenlebens traten hier hervor. So erzählt man sich von Leonhard Frank, daß er kurz nach seiner Ankunft in Los Angeles mehrere Abende lang hier immer wieder auf derselben Bank gesessen und starr auf den Ozean geblickt habe. Nach ein paar Tagen sei er endlich gefragt worden, warum er immer starr auf den Ozean hinausschaue. »Weil dort Europa liegt und ich mich von Europa nicht trennen kann«, soll die Antwort gelautet haben. Und als der Fremde daraufhin erwidert habe: »Dort liegt doch gar nicht Europa, dort liegt Asien«, sei Leonhard Frank aufgestanden, habe traurig den Kopf geschüttelt und sei mehrere Tage nicht wieder erschienen.

Er war nicht der einzige Emigrant, der sich nicht von Europa lösen konnte. Deshalb trafen sich die Emigranten so oft an Plätzen wie der Ocean Ave. oder in deutschsprachigen Zirkeln, so sehr diese auch gelegentlich miteinander verfeindet waren. Denn die Feindschaften und Freundschaften, Rivalitäten und Intrigen, die in der Weimarer Republik bestanden hatten, setzten sich in Hollywood fort. Allerdings waren sich die Exilierten in einem Punkte einig: Hitler-Deutschland mußte besiegt werden.

Wer am wenigsten in Emigrantenzirkeln verkehrte, waren die Filmleute. Sie drängte es, im Gegensatz zu den Schriftstellern, die ihre Muttersprache nicht verlernen wollten, so schnell wie möglich Englisch zu lernen, um in

Hollywood vorwärtszukommen; und deshalb vermieden sie es, deutsch zu sprechen. Außerdem waren sie viel zu sehr beschäftigt.

Nach unserem Spaziergang fahren wir auf der Ocean Ave. in nördlicher Richtung, biegen dann in die Ocean Avenue Extension St. ein und anschließend rechts in den Adelaide Dr.

❷ Christopher Isherwood House 145 Adelaide Drive

Im ersten Haus auf der linken Seite wohnte von 1958 bis zu seinem Tod im Jahr 1986 der Ende der dreißiger Jahre aus England emigrierte Autor Christopher Isherwood. Bevor er in den Adelaide Dr. zog, wohnte er in Hollywood, Santa Monica und Malibu. Das eher bescheidene, wie ein Betonbungalow in den Berg gebaute, heute etwas verfallen wirkende Haus ist besser von der Ocean Avenue Extension St. zu sehen.

Isherwood, der vor der Machtübergabe an die Nazis in Berlin als Sprachlehrer tätig war, hielt seinen Kontakt zu deutschen Schriftstellern in der Emigration aufrecht. Seine fernöstlich-mystischen Meditationen wurden jedoch von Brecht attackiert, wozu sicherlich auch sein sachlich-sarkastischer Stil, der ohne moralisch-politische Schlußfolgerungen war, gehörte. Obwohl früher in Oxford linksradikal orientiert, schrieb er keine Lehrstücke oder Lehrprosa. Geschätzt hat er später Friedrich Dürrenmatt, hatte aber Angst, ihm in Los Angeles zu

Christopher Isherwoods Haus, heute.

Christopher Isherwood, in den 40er Jahren.

begegnen, da er sein Gesamtwerk noch nicht gründlich genug studiert habe. Dabei wohnten sie 1981 nur einen Spaziergang voneinander entfernt.

Wir kehren zur Ocean Avenue Extension St. zurück, auf der Fahrt zum Ozean zweigt links die Mabery Rd. ab.

❸ Salka Viertel House 165 Mabery Road

In diesem zweistöckigen Gebäude mit seinen hohen, spitzen Giebeldächern wohnte zwischen 1928 und 1953 die Schauspielerin und Schriftstellerin Salka Viertel (1889–1978). Sie war 1928 mit ihrem Mann, dem Regisseur und Autor Berthold Viertel (1885–1953), nach Los Angeles gekommen. Während Berthold Viertel Hollywood und Los Angeles immer wieder für längere Zeit verließ, um in Österreich, England, Frankreich oder New York zu arbeiten, blieb Salka Viertel in Los Angeles. Erst Anfang der fünfziger Jahre kehrte sie nach Europa zurück und starb 1978 in Klosters in der Schweiz. Sie war die engste Vertraute von Greta Garbo und schrieb mehrere Drehbücher für ihre Filme. Außerdem war 165 Mabery Rd. ebenfalls einer der wichtigsten Treffpunkte europäischer Emigranten. Salka Viertel arbeitete in verschiedenen Hilfskomitees mit, so daß in ihrem Haus auch wichtige Entscheidungen zur Rettung gefährdeter

Salka Viertel.

Berthold Viertel, in den 40er Jahren.

Künstler in Europa getroffen wurden. Der englische Filmkritiker John Russel Taylor schrieb: »Für die Emigranten, aber auch für andere, wurde sie die berühmteste Adresse in Los Angeles.«
Eine andere emigrierte Schriftstellerin, die neben der Bestsellerautorin Vicky Baum und der Greta-Garbo-Freundin Salka Viertel für den Film gearbeitet hat, war Gina Kaus (1894–1984). In Europa war sie durch vielgelesene, von der Individualpsychologie Alfred Adlers beeinflußte Romane bekanntgeworden. Ab 1939 lebte sie in Los Angeles. Schon vor ihrer Ankunft waren einige ihrer Romane in den USA erschienen. Zuletzt wohnte sie 262 S. Carmelina Ave. in Brentwood. Alle drei Autorinnen kamen aus Österreich.
Von der Mabery Rd. fahren wir über den Entrada Dr. direkt hinunter zum Pacific Coast Highway und biegen dort sofort scharf rechts in den Chautauqua Blvd. ein. Die nächste Straße links heißt Corona del Mar. Dort fahren wir hinauf, passieren das große, spanisch anmutende Haus von Charles Laughton (Nummer 14954) und gelangen dann zur Nummer 15000.

❹ Max Reinhardt House
15000 Corona del Mar

Die große mediterrane Villa ist von Bäumen und einem eigenen kleinen Privatpark umgeben und blickt über den Ozean: Das Haus Max Reinhardts ist eine luxuriöse Wohnstätte. Doch erschien sie Max Reinhardt, der vor seiner Emigration – er ging 1933 nach Österreich und emigrierte 1938 in die

Max Reinhardt, in den 30er Jahren.

USA – gewohnt war, Schloß Leopoldskron in Salzburg oder das Gartenhaus von Schloß Bellevue in Berlin zu bewohnen, eher klein. Reinhardt hat viel zum kulturellen Leben von Los Angeles beigetragen: Außer der früher erwähnten, sensationellen Inszenierung von *Ein Sommernachtstraum* gab es gelungene Inszenierungen seines Workshops, die zwar wenig beachtet wurden, aber Einfluß auf junge Schauspieler und Regisseure ausübten, die später Hollywood oder das amerikanische Theaterleben mitbestimmten. Leider mußte Reinhardt das Max Reinhardt Theatre, wie der Workshop später hieß, schon nach drei Jahren aus finanziellen Gründen und wegen Geldbetruges von seiten des Managers schließen. Seine Hoffnungen richteten sich danach auf New York, wo er vorher ebenfalls erfolgreich inszeniert hatte. Doch auch New York wurde eine Enttäuschung. 1943 starb er dort. Über die Resignation, die ihn in Los Angeles befiel, schrieb Helene Thimig-Reinhardt: »Leider muß ich an dieser Stelle einflechten, daß unsere Inszenierungen so gut wie unbeachtet blieben [. . .] Bei Prominenten aus der Filmwirtschaft hat uns diese Haltung zwar geschmerzt, doch nicht sonderlich gewundert. Bei vielen Emigranten [. . .] kam uns diese Haltung schon bedenklicher vor [. . .]

Reinhardts letzte Versuche, aus Los Angeles eine Theaterstadt zu machen, waren kläglich gescheitert, und so hatte er schließlich mit Kalifornien abgeschlossen. Sein resigniertes Urteil über Los Angeles: ›In einer Stadt, in der die Fläche dominiert – die Fläche der Filmleinwand –, kann man gerechterweise nicht die Entwicklung der dreidimensionalen Kunst des Theaters erwarten.‹«

Dennoch gab es schon damals gute Schauspieltheater und Theaterinszenierungen in Los Angeles; nur hielten sie in Reinhardts Augen dem Vergleich mit Berlin und Salzburg nicht stand.

Von Corona del Mar fahren wir zum Alma Real Dr. und biegen von dort rechts in die fünfte Querstraße, den Ocampo Dr., ein.

Henry Miller.

Das Henry Miller Haus, heute.

❺ Henry Miller House
444 Ocampo Drive

In dem einstöckigen Haus, das durch seine metallverzierten und weißgestrichenen Balkongitter auffällt, wohnte von 1960 bis zu seinem Tod im Jahr 1980 Henry Miller (geb. 1891). Vorher, von 1944 bis 1960, lebte er im kalifornischen Nationalpark Big Sur, und davor hatte er sich für einige Jahre auf dem N. Beverly Glenn Blvd. (Nr. 1212) und der Rustic Canyon Rd. (Nr. 2000) eingemietet.
Henry Miller gehörte zu jenen englischsprachigen Autoren, wie Christopher Isherwood oder Aldous Huxley, die in Los Angeles Kontakt zu deutschsprachigen Emigranten aufnahmen. Besonders eng war er mit Marta Feuchtwanger bekannt. Ludwig Marcuse widmete Miller, der wegen seiner unverhüllten Schilderung von Sinnlichkeit und Sexualität von den Amerikanern lange gehaßt oder ignoriert wurde, in dem 1962 erschienenen Buch *Obszön* ein kluges Kapitel. Dort heißt es unter anderem: »Er (Miller) ist glühend enthusiastisch und glühend feindselig und sogar glühend gleichgültig (...) Er ist ein großer Verehrer des Bauchs; all seine Triebe haben immer freudigen Appetit, bisweilen regiert diese vielfältige Freß- und Sexgier sein Leben. Und er ist, auch im Extrem, ein brennender Asket und versagt sich die fetteste Weide: wo einem, innerhalb der menschlichen Herde, der Futterplatz garantiert ist (...) Und ist bis zu diesem Tage einer der unerkanntesten und gehaßtesten Bürger seines Landes. Unerkannt nicht weniger von

den Freunden als von den Feinden.« In einer Stadt, in der ab 1934 das Hays Office über die Moral im Film wachte, war Henry Miller mehr als ein »Sünder«. Und da heute der Kardinal von Los Angeles wieder nach moralischer Selbstzensur ruft, wird Henry Miller wohl zum zweiten Mal verurteilt werden. Noch ist es nicht soweit, und die Reihe seiner Verteidiger wird diesmal groß sein.

Auf dem Ocampo Dr. fahren wir weiter zum Pampas Ricas Blvd. und biegen von diesem rechts in den Sunset Blvd. Diesen fahren wir in östlicher Richtung bis zur Abzweigung Allenford Ave., die sehr bald in die 26th St. mündet. Auf dieser überqueren wir den San Vicente Blvd., sehen dabei auf der linken Seite den von rotgestrichenen »Bauernhäusern« eingeschlossenen Farmers Market, auf dem früher Bertolt Brecht und Fritz Lang einkaufen gingen, und biegen anschließend rechts in die Montana Ave. ein.

❻ Heinrich Mann Apartment 2145 Montana Avenue

In diesem fast wie eine Kaserne wirkenden Apartmenthaus wohnte zwischen 1948 und seinem Tod im Jahr 1950 Heinrich Mann. Zu dieser Zeit lebte er zurückgezogen, war resigniert; und das trug sicherlich mit dazu bei, daß er die Ehrungen aus der 1949 gegründeten DDR, deren Entwicklung er mit großen Sympathien verfolgte, als Lichtblick betrachtete und bereit war, nach Ost-Berlin überzusiedeln. Doch vor der Realisierung dieses Plans starb er in Santa Monica.

Heinrich Mann konnte 1940 nach Los Angeles kommen, weil er einen Einjahresvertrag mit einem der Filmstudios (Warner Brothers Pictures) hatte, also zu jenen Angestellten gehörte, die hundert Dollar pro Woche erhielten. Doch nach Ablauf des Jahres wurde ihm gekündigt, er erhielt noch zwanzig Wochen lang Arbeitslosenunterstützung und mußte anschließend von den Spenden des European Film Fund (s. S. 8) leben. Alfred Döblin, der den gleichen Vertrag erhalten hatte, beschrieb am 11. Dezember 1940 Hermann Kesten die Situation in den Filmstudios: »(...) jetzt bin ich, zusammen mit Polgar, in ein ›office‹ gesetzt (d. h. jeder hat sein ›office‹), und wir müssen täglich ab 10 Uhr Dienst tun (genau wie L. Frank, Heinr. Mann etc.). Schluß ist offiziell 5 Uhr; ich gehe aber schon um 4. Tun tut man nichts. Absolut nichts. Angeblich sollen wir an etwas mitarbeiten, aber bisher ist das nur Gerücht. Wir erledigen unsere Korrespondenz, telefonieren, lesen Zeitung, schreiben unsere eigenen Sachen – was man so in Sitzhaft tun kann.«

Autoren wie Heinrich Mann oder Leonhard Frank fiel es schwer, in »Sitzhaft« und unter dem Druck der Studioatmosphäre etwas für den Film zu schreiben. Und gelang ihnen doch einmal etwas, wie zum Beispiel Alfred Döblin, dann war es zu dichterisch und zu literarisch. Von allen Drehbuchentwürfen und fertigen Szenarien Döblins wurden nur einige atmosphärische und psychologische Anregungen in den Filmen *Mrs. Mi-*

niver (1941/42) und *Random Harvest (Gefundene Jahre,* 1941/42) übernommen. Erfolg hatten nur diejenigen Autoren, die vom Journalismus kamen und es deshalb gewohnt waren, unter Druck und Hektik zu schreiben, oder die bereits Drehbucherfahrungen aus Europa mitbrachten; doch gehörten diese, wie zum Beispiel Walter Reisch, Billy Wilder, Gina Kaus, Hans Wilhelm, Curt Siodmak, Frederick Kohner, George Froeschel, nicht zu den »Geretteten« durch den Hundert-Dollar-pro-Woche-Vertrag. Um sie bemühten sich die Studios von selbst. Nur einer derjenigen, die durch die einjährige Anstellung gerettet wurden, erhielt eine Verlängerung seines Vertrags: Jan Lustig, der ebenfalls vom Journalismus kam. Die anderen lebten in unbeachteter »Sitzhaft«, was zu folgender kurioser Geschichte geführt haben soll: Einer dieser »Sitzhaft«-Autoren fuhr für mehrere Monate nach New York und Chicago, um dort eine schriftstellerische Betätigung zu finden. Da ihm das nicht gelang, kehrte er zurück und wollte, obwohl er davon überzeugt war, seinen Einjahresvertrag verloren zu haben, noch einmal sein Büro sehen. Dort entdeckte er, daß alles unberührt geblieben war und sich während seiner Abwesenheit nur seine Wochenschecks angehäuft hatten.
Dennoch hatten die anderen nicht den Mut, ihre Büros ebenfalls zu verlassen; und vielleicht wäre ein derartiger Massenexodus dann doch aufgefallen.

Heinrich Manns Wohnung in dem Apartmenthaus in Santa Monica, heute.

Heinrich Mann schrieb in Los Angeles unter anderem die Romane *Lidice* (1943), *Der Atem* (1949), *Empfang bei der Welt* (1956) sowie die Autobiographie *Ein Zeitalter wird besichtigt* (1945).
Der Autor hatte, nachdem er zwischen 1940 und 1942 einige Male umgezogen war, zwischen 1942 und 1948 ein geräumiges Haus, 301 S. Swall Dr., bewohnt. Es ist ein weißes Haus mit zwei hohen und mehreren kleinen schwarzen Giebeldächern. Dort hatte sich Heinrich Mann bis zum Selbstmord seiner Frau Nelly im Jahr 1944 und auch danach noch wohl gefühlt. Thomas Mann schrieb darüber: »Gern, einmal wöchentlich gewiß, läßt er sich von uns ins Ländliche holen und verbringt die Stunden vom Lunch bis zum Dunkelwerden bei uns [. . .] Er hängt aber an seiner bequemen kleinen Parterrewohnung, South Swall Street, von wo er zu Fuß seine Einkäufe machen kann und durch die noch der Atem der Verstorbenen weht. Der nach der Straße gelegene Livingroom, gut eingerichtet, mit elegantem Schreibtisch, den er aber nicht benutzt, da er zurückgezogen im Schlafzimmer arbeitet, hat einen vorzüglichen Radioapparat, und viel hört er abends Musik – in Kalifornien ausgerechnet hat er seine Kenntnis des symphonischen Weltbestandes bedeutend erweitert und vertieft.«
Zweifellos lebte Heinrich Mann auch vor dem Umzug nach Santa Monica in wesentlich bescheideneren Verhältnissen als sein Bruder, aber nicht, wie

Heinrich Manns Haus in South Swall Drive, heute. 301 South Swall Drive.

Heinrich Mann, 1949.

Brecht meinte, »in einer sehr kleinen, stickigen Villa ohne Garten« *(Arbeitsjournal,* 11. 11. 1943); denn das Haus am S. Swall Dr. war, auch wenn dort in der Zwischenzeit im Originalstil etwas angebaut wurde, nie »sehr klein«.

Die Montana Ave. fahren wir wieder zurück und biegen zunächst nach rechts in die 25th St. und anschließend in die 26th St. ein.

❼ Bertolt Brecht Houses 817 25th und 1063 26th Street

In diesem hübschen, spanisch wirkenden Haus (817 25th St.) wohnte zwischen 1941 und 1942 Bertolt Brecht. Brecht wurde schon in Dänemark, Schweden und Finnland von Fritz Lang und Lilly Latté, Langs späterer dritter Ehefrau, sowie bald darauf auch von anderen Emigranten und dem European Film Fund finanziell unterstützt. William Dieterle hatte sich dafür eingesetzt, daß verschiedene Personen (einschließlich Dieterle) für Brecht, seine Frau Helene Weigel und seine beiden Mitarbeiterinnen Margarete Steffin und Ruth

Das Haus Bertolt Brechts, heute. 1063 26th Street.

Berlau Bürgschaften übernahmen, und so traf die Brecht-Gruppe, allerdings ohne Margarete Steffin, die kurz zuvor in Moskau gestorben war, am 21. Juli 1941 im Hafen von Los Angeles, San Pedro, ein. Brecht versuchte sogleich, eigene Filmstoffe mit Hilfe bereits etablierter Emigranten wie William Dieterle, Gottfried Reinhardt und Jean Renoir an die Studios zu verkaufen. Doch er hatte keinen Erfolg. Erst Fritz Lang, der damals ganz in der Nähe in einer größeren spanischen Villa, 2141 La Mesa Dr., wohnte, gab Brecht die Chance, an einem Film mitzuwirken. Gleich nach dem Attentat auf den deutschen Gestapo-Führer und Reichsprotektor in Böhmen und Mähren, Reinhard Heydrich, am 27. Mai 1942, begannen beide, an einem gemeinsamen Filmtreatment zu arbeiten. Diese Zusammenarbeit schien zunächst gut zu verlaufen, wurde aber dann durch unterschiedliche Auffassungen, wie ein Film aufgebaut werden solle, gestört. Vor allem, als sich die beiden der Ausarbeitung des eigentlichen Drehbuchs zuwandten, wobei auch ein Englisch sprechender Autor, John Wexley, mitwirkte, kam es zwischen Brecht und Wexley, insbesondere aber zwischen Brecht und Lang zu Spannungen, die in Brechts *Arbeitsjournal* zu heftigsten Beschimpfungen und Verleumdungen gegenüber Lang ausarteten: »(Lang) hinter seinem boßschreibtisch, voll von drugs und ressentiments über jeden guten vorschlag, sammelnd ›überraschungen‹, kleine spannungen, schmutzige sentimentalitäten und unwahrhaftigkeiten [...] während der arbeit hatte ich mitunter mühe, mich nicht an der lösung der kleinen schmutzigen problemchen zu beteiligen, diese glitschigen, smarten ›lines‹ zu finden, diese übergänge von nichts zu nichts.« (Eintragungen vom 16.10. und 19.10. 1942.)
Dennoch verdiente Brecht mit diesem Film, *Hangmen Also Die (Auch Henker sterben),* 10000 Dollar, was ihm »Luft für drei Stücke verschafft« hatte, wie es im *Arbeitsjournal* unter dem 24. Juni 1943 heißt. Außerdem konnte Brecht dadurch im August 1942 in das größere Haus, 1063 26th St., ziehen, das er bald darauf kaufte. Anschließend verdiente Brecht durch die Zusammenarbeit mit Feuchtwanger an dem Drama *Die Gesichte der Simone Machard,* das Feuchtwanger in den Roman *Simone* umwandelte und an Hollywood verkaufte, noch

einmal 20 000 Dollar. Das war damals eine Summe, von der man einige Jahre ohne Sorgen leben konnte.
Brechts verbitterte Äußerungen über Hollywood und die USA werden oft zitiert. ». . . ich komme mir vor wie aus dem zeitalter herausgenommen, das ist ein Tahiti in großstadtform . . .« (Brecht, 9. 8. 41). Er attackierte auch Persönlichkeiten wie Max Horkheimer, Friedrich Pollock und sogar seinen Freund Lion Feuchtwanger, von Thomas Mann und Fritz Lang ganz zu schweigen. Brecht urteilte dabei oft einseitig und ungerechtfertigt. So beweisen noch unveröffentlichte Dokumente zur Entstehung des Films *Hangmen Also Die,* daß Lang Brechts Mitarbeit geschätzt, gewürdigt und verteidigt hat. Doch wollte er Brechts Ideen über das epische Theater nicht auf den Film übertragen, und so wurde der »herr der kamera [. . .] mit den allüren eines diktators« nahezu verleumdet. Außerdem hatte Lang, der politisch oft lavierte, eine Anfrage Brechts vom Frühjahr 1944, Mitglied eines Initiativausschusses für die Gründung eines Komitees für ein demokratisches Deutschland zu werden, nicht einmal beantwortet, was zur weiteren Verärgerung Brechts führte.
Brecht hat in Los Angeles folgende Dramen verfaßt oder bearbeitet: *Die Gesichte der Simone Machard, Schweyk im zweiten Weltkrieg, Der*

Bertolt Brecht und Helene Weigel, 1939.

kaukasische Kreidekreis, The Duchess of Malfi, Leben des Galilei (zweite Fassung).
Brecht wurde noch kurz vor seiner Rückkehr nach Europa 1947 von dem House Committee On Un-American Activities des amerikanischen Kongresses verhört, ob er mit kommunistischen Organisationen zusammengearbeitet habe, Kommunist oder Mitglied der Kommunistischen Partei sei. Brecht ging diesen Fragen geschickt aus dem Weg, gab nichts zu und bot so dem Ausschuß keinerlei Handhabe.
Viele Freunde, die von ihm ein ermutigendes Bekenntnis erwartet hatten, nahmen ihm sein Taktieren übel. Denn er, der sowieso nach Europa zurückkehren wollte, war ja nicht in Gefahr, durch ein Bekenntnis zum Marxismus und zur kommunistischen Bewegung (Mitglied der Partei war er nicht) seinen Beruf zu verlieren, was damals Kommunisten und deren Sympathisanten drohte. Statt dessen verhielt er sich wie sein Galilei in *Leben des Galilei,* dessen zweite Fassung einige Monate zuvor im Coronet Theatre in Los Angeles mit Charles Laugthon in der Titelrolle uraufgeführt und anschließend auch in New York gespielt wurde, in dem Galilei aus Angst vor dem Scheiterhaufen die Wahrheit verleugnet und seinen Beruf verrät. Brecht wäre nicht verbrannt, schlimmstenfalls, wie Hanns Eisler, ausgewiesen worden.
Wir kehren zur Montana Ave. zurück und fahren Richtung Nordosten, wo in der Nebenstraße Franklin St., Nummer 811, der aus Österreich emigrierte Ernst Toch (1887–1964) wohnte.

❽ Gottfried Reinhardt Apartment 12 324 Montana Avenue

Hier lebten bis vor kurzem Gottfried Reinhardt, der 1932 in die USA emigrierte, und seine Frau, die Filmautorin Sylvia Reinhardt. (Jetzt wohnen sie 3404 Mandeville Canyon Rd.) Gottfried Reinhardt, den wir schon im Zusammenhang mit dem European Film Fund (s. S. 8) kennengelernt haben und der später Präsident der Nachfolgeorganisation, European Relief Fund, wurde, war Produzent und Regisseur und gehörte ab 1935 für drei Jahrzehnte zu den einflußreichsten Hollywood-Vertretern sowie nach 1945 auch zu den wichtigsten Persönlichkeiten des Film- und Theaterlebens in Deutschland und Österreich. Heute ist er schriftstellerisch tätig, und noch immer bildet

Gottfried Reinhardt, 1986.

das Haus der Reinhardts einen Treffpunkt für Film- und Literaturpersönlichkeiten.
Gottfried Reinhardts älterer Bruder Wolfgang (1908–1979) hat ebenfalls in Los Angeles gewirkt. Er arbeitete hier zwischen 1938 und 1953 als Filmautor und Produzent und wohnte mehrere Jahre in der Margarita Ave. in Santa Monica.
Wir kehren zur 26th St. zurück und befahren sie in Richtung Süden bis zum Olympic Blvd., in den wir nach rechts einbiegen und dem wir bis zur 14th St. folgen. Hier biegen wir links ab.

❾ Woodlawn Cemetery 14th Street

Auf dem Woodlawn Cemetery finden wir das Grab von Marta und Lion Feuchtwanger sowie den noch immer gepflegten Grabstein von Heinrich Mann, obwohl seine Urne nach Europa überführt und 1961 in Ost-Berlin beigesetzt wurde. Außerdem finden wir hier die Grabstätte des erst kürzlich verstorbenen Schauspielers Paul Henreid (1905–1992), der durch seinen österreichischen Charme in Filmen wie *Now Voyager (Jetzt, Reisender,* 1942) den Sex-Appeal des Hollywood-Filmhelden veränderte. Zwei im Mund angezündete Zigaretten, von denen er die eine seiner Geliebten überreicht, veränderten das erotische Gefühl einer ganzen Nation.
Nicht weit von Paul Henreids Grabstätte befindet sich das Grab seines Schwiegervaters, des bekannten österreichischen Kunsthistorikers Gustav Glück.

Paul Henreid und Hedy Lamarr in dem Film *The Conspirators*, 1944.

Auf der 14th St. fahren wir jetzt in Richtung Süden zum Pico Blvd., in den wir nach links einbiegen und dem wir mehrere Kilometer bis zur Overland Ave. folgen. Hier zweigen wir rechts ab, fahren bis zum Washington Blvd., in den wir links einbiegen.

❿ Studios in Culver City

Auf dem Washington Blvd. passieren wir die zum Teil neoklassischen Rückfronten der ehemaligen Metro-Goldwyn Mayer Studios, die heute zu Sony Pictures gehören. MGM hat sein Gelände verkauft, da man heute Filme vorwiegend an Originalschauplätzen dreht und für Studioaufnahmen Studios mieten kann. Kurz darauf kommen wir rechts zu einem Parkplatz, auf dessen südlicher Seite das berühmte, ebenfalls im neoklassischen (Washington-)Stil errichtete Irving Thalberg Building steht. Hier regierte für lange Zeit der allmächtige und gefürchtete Louis B. Mayer, bis er nicht zuletzt infolge von Auseinandersetzungen mit seinem ehemaligen Mitarbeiter Gottfried Reinhardt 1951 gestürzt wurde. Bei seiner Beerdigung im Jahr 1957 erschienen noch einmal alle Stars und Filmgrößen, um, wie man sagt, sicher zu sein, daß er wirklich beerdigt wird. Wir biegen rechts in die Querstraße Clarington Ave. ein, parken dort und gehen links in den modernen, kaskadenartig gebauten, riesenhaften granitenen Gebäudekomplex mit in der Mitte schräg abfallender, übermächtiger schwarzer Glaswand, in dem heute Metro Goldwyn Mayer sitzt, der aber nur noch Büroräume für Verleih, Verwaltung und Produktion enthält. Im Restaurant oder an der Bar können wir uns erfrischen. Östlich vom MGM-Gebäude liegen die Culver City Studios, die lange Zeit David O. Selznick gehörten, der dort seinen berühmtesten Film, *Gone With the Wind (Vom Winde verweht*, 1939), drehte. Aber auch *King Kong* (1933) und *Citizen Kane* (1941) sind dort entstanden. Das weltberühmte Verwaltungsgebäude mit seinen Holzsäulen ist im Antebellumstil des amerikanischen Südens gebaut. Heute gehören die Culver City Studios zu Columbia Pictures beziehungsweise zu Sony Pictures Entertainment Inc.

Bis Anfang der fünfziger Jahre (bei einigen Studios auch noch länger) wurden Filme fast ausschließlich mit

Das MGM Gelände, 1934.

Mitarbeitern gedreht, die einen festen Studiovertrag besaßen; das heißt, Schauspieler, Produzenten, Regisseure usw. standen unter Jahresverträgen, waren Festangestellte. Freie Mitarbeiter, wie zum Beispiel Bertolt Brecht, waren in der Minderheit. Das alte Studiovertragssystem bot den Vorteil, daß Regisseure, vor allem wenn sie eine gewisse Bedeutung erlangt hatten, einflußreich in der Auswahl der Stoffe und relativ frei in der filmischen Bearbeitung dieser Themen waren. »Denn produziert mußte werden, man war unter Vertrag, und da die Filmbosse nicht ständig allen über die Schulter schauen konnten, entstanden oft auch gute Filme«, äußerte sich hierzu Billy Wilder. Außerdem konnte es passieren, daß Stoffe, die die Dramaturgen und Werbeagenten abgelehnt hatten, von den Studiobossen doch genehmigt wurden, weil der Stoff ihnen gefiel und man pro Jahr sowieso eine gewisse Anzahl »Flops« einkalkulierte.

Bereits kurz nach dem Zweiten Weltkrieg machten sich einige Produzenten unabhängig. Sie erhielten zwar immer noch ihre Geldmittel von den Studios, hatten aber freie Hand zu entscheiden, wie und was sie produzierten. Waren sie erfolgreich, erhielten sie weiterhin Geldmittel, erzielten sie keinen Erfolg, blieb ihr Unternehmen ohne Unterstützung. Zu den Erfolgreichen gehörten die aus Öster-

MGM Studios 1939, das Eingangsgebäude.

reich emigrierten Produzenten Sam Spiegel (1903–1986) und der bereits mehrfach erwähnte Otto Preminger. Dieser Erfolg war allerdings nur möglich, weil die großen Studios infolge der neuen Anti-Trust-Gesetze nicht mehr auch noch die Kinos besitzen durften und weil Kinobesitzer bereit waren, auch Filme zu zeigen, die gegen den Hays Code verstießen. Ihnen ging es um die Zuschauer, unter denen es genügend Neugierige gab, die die neuen Akzente akzeptierten.

Später, beginnend mit den sechziger Jahren, gingen die Unabhängigen noch einen Schritt weiter oder wurden dazu gezwungen. Sie übernahmen auch die Finanzierung, und die Studios boten nur noch die Verleihgarantie (oder auch nicht). Je nach Erfolgsaussichten beteiligten sie sich zwar noch an der Vorfinanzierung, aber die Arbeit lag völlig bei den Produzenten. Das war der Anfang des sogenannten Package Deal System. Denn die Studios, die sich durch die Konkurrenz des Fernsehens sowie infolge der Anti-Trust-Gesetze das Studiovertragssystem nicht mehr leisten konnten, stellten keine Künstler mehr fest an, nur noch Verwaltungsleute und Filmdramaturgen. Sie sorgten für den Verleih und beteiligten sich an der Vor-, Mit- oder Nachfinanzierung. Diese Abmachungen galten aber jeweils nur für die Produktion eines einzelnen Films. Für den nächsten Film mußten die Bedingungen neu ausgehandelt werden.

Heute ist dieses Package Deal System immer noch gültig, allerdings üben die Studios wieder mehr direkten Einfluß aus. So stellen sie die Package Deal Produzenten (die oft ihre eigenen Hauptdarsteller oder Regisseure sind) gleich für mehrere Produktionen an. Diese dürfen dann das jeweilige Studiogelände nutzen und mit dem festangestellten Büro- und Technikerpersonal arbeiten. Festangestellt bei den Studios sind nach wie vor ein Produktionsteam für Projektentscheidungen und Finanzkontrolle, Dramaturgen für Drehbuchentscheidungen und -änderungen sowie Bühnenhandwerker, Techniker und Sekretärinnen. Alles andere läuft über die angeheuerten »unabhängigen« Produzenten. Allerdings lehnen viele Produzenten oder Produktionsfirmen diese Direktbeteiligung der Studios nach wie vor ab, arrangieren alles selbständig bis zum Ende des Films und nutzen die Studios nur für den Verleih. In jedem Fall, sowohl bei den großen Studios als auch bei den kleineren, unabhängigen Produzenten, die keinen eigenen Verleih haben, verlagert sich die Macht immer mehr auf die Seite der Kreditgeber, zu denen Bankgesellschaften in Frankreich oder England gehören. Diese treffen auch künstlerische Entscheidungen, da sie nur daran interessiert sind, ihr Geld wieder einzuspielen. Hier zeigt sich der Nachteil des Package Deal Systems: die alleinige Orientierung auf den Erfolg. Man läßt die Marktforscher entscheiden und kann es sich kaum noch leisten, einen Film nur deshalb zu produzieren, weil »sowieso produziert werden muß«. Es ist demnach zu bewundern, daß es immer noch viele Unabhängige

gibt, die Wert auf Qualität legen und dabei das Risiko eingehen, ihren Kredit oder ihr Kapital zu verlieren. Viele gehen dabei zugrunde, andere überleben und prägen, wenn sie Erfolg haben, in künstlerischer Hinsicht eine neue Richtung. Denn die großen Studios werden diese erfolgreichen Produzenten sofort engagieren oder deren nächste Filme mitfinanzieren.
Im ganzen aber hat dieses nur noch auf Verleih und Erfolg orientierte System dazu geführt, daß die Kontinuität, die die großen Studios wahrten, verlorengegangen ist. Es gibt keine langjährig das Filmgeschehen bestimmenden Mogule, wie Louis B. Mayer, Harry Cohn oder Darryl Zanuck, mehr, die trotz aller Kritik an ihren einsamen Entscheidungen, ihrer Unberechenbarkeit und gelegentlich falschen Weichenstellungen doch echte Filmenthusiasten waren, und es existiert auch keine Kontinuität der Besitzverhältnisse mehr, wie sie zum Beispiel für Jahrzehnte durch die aus Rußland emigrierten Gebrüder Nickolas M. und Joseph M. Schenck als Mitbesitzer und Aufsichtsratspräsidenten von Louis B. Mayers Metro Goldwyn Mayer (Nickolas M. Schenck) und von Darryl Zanucks 20th Century Fox (Joseph M. Schenck) gewahrt wurde. Dagegen werden seit über zwei Jahrzehnten die großen Studios wie auf einem orientalischen Basar gehandelt. Oft bleiben sie nur für ein oder zwei Jahre im selben Besitz. So erwarb MGM 1981 United Artists und wurde MGM/UA. 1986 kaufte Turner Broadcasting System MGM/UA auf, um kurz darauf das Studiogelände an die Fernsehgesellschaft Lorimar zu veräußern, behielt aber die film library mit den Copyrights. Der Rest von MGM/UA wurde an Kirk Kerkorian verkauft, und dieser veräußerte es 1990 an Giancarlo Parrettis Pathé Communication. Doch wegen Mißwirtschaft wurde Giancarlo Parretti von den Kreditgebern, Crédit Lyonnais (Frankreich–Holland), entlassen, und MGM ist wieder nur MGM.
Columbia Pictures wurde 1987 von Coca-Cola aufgekauft, gründete die Nebenfirma Tri-Star, verband sich mit Warner Brothers und wurde 1989 von Sony erworben. Der Anteil an Warner Brothers wurde gegen das Studiogelände Lorimar, das mittlerweile zu Time Warner (Warner Brothers kaufte auch *Time Magazine* und andere Medien) gehörte, eingetauscht, und Columbia Pictures sowie Tri-Star Pictures produzieren auf dem ehemaligen MGM-Gelände, das jetzt den Namen Sony Pictures Studios trägt. Alle anderen Studios haben im letzten Jahrzehnt ähnliche Veränderungen hinsichtlich der Besitzverhältnisse durchgemacht, die im Detail noch viel komplizierter sind, da auch noch andere Interessengruppen einbezogen oder ausgezahlt wurden.
Dieser Studio-Dschungel hat Emigranten wie Billy Wilder und Fred Zinnemann zur Resignation getrieben. Sie haben es schon vor Jahren aufgegeben, Filme zu drehen, weil »heute die Verträge dicker sind als das ganze Drehbuch« (Billy Wilder) oder bei jedem einzelnen Film nur noch auf den finanziellen Erfolg ge-

achtet wird, »so daß Filme von intellektuell 12-jährigen für 10jährige gemacht werden« (so Fred Zinnemann). Außerdem sind seit der Lokkerung der Anti-Trust-Gesetze während der Regierungszeit Ronald Reagans die finanzkräftigen Studios wieder in der Lage, Kinoketten aufzukaufen. Dadurch werden sie noch marktbeherrschender, denn sie bringen zuerst ihre eigenen Filme oder Filme ihrer eigenen Richtung in die Kinos. Das ist auch der Grund für das wachsende Interesse von Ölfirmen, Elektronikfirmen oder Kreditfirmen am Kauf dieser großen Studios. Heute gehören bereits die Kinoketten der Mann's Theaters Corporation den Paramount Pictures (Gulf and Western) und die Cineplex-Odeon-Filmketten den Universal Studios.

Wir fahren auf der Overland Ave. zurück bis zum Pico Blvd. und biegen in diesen rechts ein, passieren nach mehreren Querstraßen das Gelände von 20th Century Fox und biegen links in die Avenue of the Stars ein. Wir parken hinter dem Century Plaza Hotel.

⓫ Century City

In Century City, das auf dem ehemaligen Studiogelände von 20th Century Fox errichtet wurde, als diese ihr Außengelände verkaufte, gehen wir ein Weilchen im nördlich gelegenen Century Square mit seinen interessanten Geschäften und kleinen Restaurants spazieren. Vor allem der neue Restaurantkomplex, der an den Santa Monica Blvd. angrenzt, ist abwechslungsreich, zum Teil exotisch, zum Teil europäisch und vermittelt mit seinen zahlreichen Kinos und modernen, hell erleuchteten Gebäuden die Atmosphäre einer bunten Zirkuswelt. Zum Abendessen werden wir wieder zurück zum Century Plaza Hotel gehen, begeben uns dort durch eine Tunnelunterführung zunächst in das gegenüberliegende, mehrstöckige Gebäude des Shubert Theaters, um auf der oberen Plattform die architektonische Qualität moderner Strukturen zu betrachten. Links und rechts sind die beiden großen Theater: links das Shubert (Musical-) Theater und rechts das mehrteilige Filmgebäude für Uraufführungen. Vor uns sehen wir in circa hundert Meter Entfernung die großen Twin Towers und dazwischen, in der Ferne, die Hollywood Hügel. Hinter uns wird das Bild durch den Halbmond des Century Plaza Hotels abgeschlossen. Mit Rolltreppe oder Fahrstuhl können wir von Plattform zu Plattform gelangen und finden links und rechts Geschäfte und Restaurants.

Gehen wir zum Abendessen entweder in das Gartenrestaurant des Century Plaza Hotels, das in den letzten Jahren seines Lebens Fritz Lang zum Stammlokal geworden war, oder in das exklusive La Chaumière Restaurant im Century Plaza Tower mit Blick auf die 20th Century Fox Studios, auf West Los Angeles und bei schönem Wetter auf den Ozean im fernen Santa Monica.

Pershing Square mit Biltmore Hotel und alte Philharmonie in den 50er Jahren.

Sechste Fahrt
Downtown Los Angeles

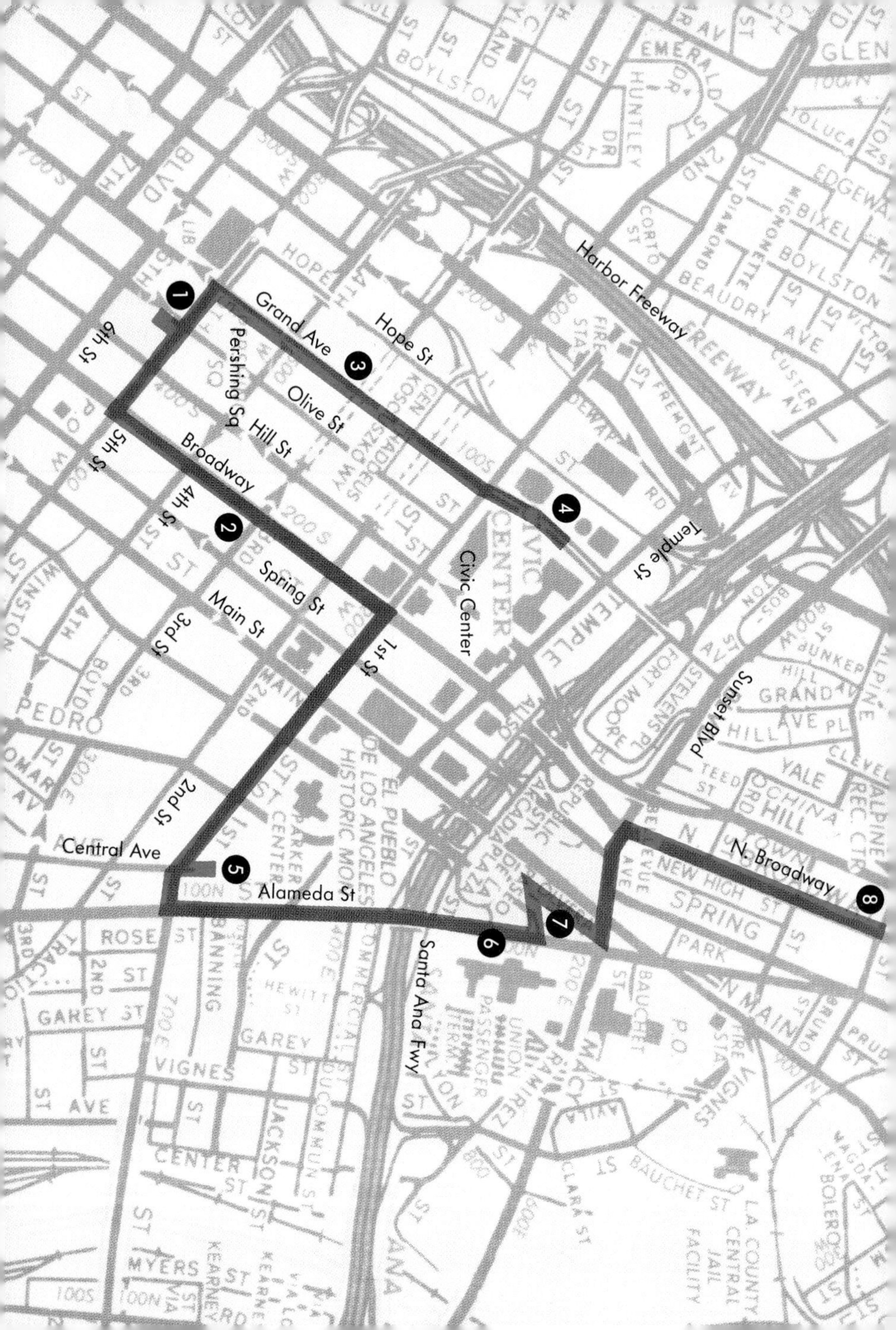

1
6th St
5th St
Pershing Sq
Grand Ave
Hope St
3
Olive St
Hill St
Broadway
4th St
2
Spring St
Main St
3rd St
1st St
Civic Center
4
Harbor Freeway
Temple St
Sunset Blvd
2nd St
Central Ave
5
Alameda St
6
Santa Ana Fwy
7
N. Broadway
8

Wir beginnen diese Fahrt an dem vor einigen Jahren restaurierten Biltmore Hotel am Pershing Square, Downtown Los Angeles.

Die alte Philharmonie vor dem Umbau, Ende der 30er Jahre.

❶ Biltmore Hotel
515 S. Olive Street

Das Biltmore Hotel gilt als das bedeutendste Hotel der Stadt. 1923 eröffnet, enthält es eine Lobby, die einem spanischen Palast nachgebildet ist, und eine Galerie, die in ihrer Holz- und Freskengestaltung spektakulär ist. Der Empfangsraum im ersten Stock wirkt ebenso faszinierend wie alle Konferenzräume. In diesem Hotel wurde 1927 die Academy for Motion Picture Arts and Sciences gegründet, die jedes Jahr die Oscars verleiht, und hier wurde die Oscar-Statue nicht nur entworfen, sondern auch mehrere Jahre lang verliehen. Die berühmtesten Stars und Politiker der Welt haben hier irgendwann einmal übernachtet. Das Hotel wurde außerdem zum Schauplatz vieler berühmter Filme.

Ein Teil des Biltmore Hotels, heute. Im Hintergrund der Library Tower.

Schräg gegenüber, auf der nördlichen Seite des Pershing Square, befindet sich ein Parkplatz. Dort stand früher unter der Nummer 427 W. 5th St. das alte Philharmoniegebäude. Es wurde abgerissen, doch vom Pershing Square sieht immer noch Ludwig van Beethoven mit finsterer Miene auf jenen Ort, an dem Otto Klemperer Musikgeschichte machte.

Von hier gehen wir zunächst auf der 5th St. in östlicher Richtung zum Broadway, in den wir nach links einbiegen.

Das Bradbury-Building, Teilinnenansicht heute.

❷ Bradbury Building 304 South Broadway

Das 1893 errichtete Bradbury Building interessiert vor allem wegen seiner Innenarchitektur, weniger wegen seiner Außenfront. Es wirkt wie ein bizarres Science-fiction-Gebäude und wurde dementsprechend für zahlreiche Filme benutzt: Ein hohes, spitzes Glasdach, Stufen aus rosa Marmor, offene Fahrstühle, extravagante schmiedeeiserne Geländer und Treppenaufgänge faszinieren in der in Licht getauchten Innenhalle mit gelbbraunen Ziegelsteinen. Doch sind das nur einige der Charakteristika dieses futuristischen Hauses, dessen Grundstein bereits im vorigen Jahrhundert gelegt und das von vielen Autoren, darunter auch Emigranten, beschrieben wurde.

Vom Bradbury Building gehen wir zum Pershing Square zurück, passieren nochmals das Biltmore Hotel und gehen nach rechts die Grand Ave. hinauf.

❸ Bunker Hill

Wir befinden uns jetzt inmitten der Wolkenkratzer von Los Angeles sowie im Bunker Hill Gebiet, das zwischen dem Music Center im Norden, der Hill St. im Osten, der 5th St. im Süden und der Figuroa St. im Westen liegt. Vor einigen Jahrzehnten standen hier kleine malerische Häuser. Außerdem fuhr von der östlichen Seite eine Zahnradbahn hinauf, die wieder erneuert werden soll. Als dieses Wohngebiet immer mehr verkam, da die Bessersituierten in andere Gegenden oder Vororte von Los Angeles zogen, begann man vor über zwei Jahrzehnten, dieses Gebiet wieder zu sanieren; allerdings baute man Hochhäuser, Apartmenthäuser und Sozialwohnungen. Nach Europa zurückgekehrte Emigranten, die Los Angeles in den letzten Jahren noch einmal besuchten, sind von dieser Entwicklung fasziniert.

Links auf unserem Weg befindet sich das höchste Gebäude westlich von Chicago, der von dem französischen Architekten I. M. Pei mitgestaltete Library Tower. Haben wir diesen passiert, schauen wir, ebenfalls links, zwei Straßen weiter auf das 1977 errichtete und damals noch höchste Gebäude dieser Gegend, auf das heute nur noch mittelgroß wirkende Bona-

ventura Hotel mit seinen Rundtürmen und seinen an den Außenfronten hinaufschießenden Raketenfahrstühlen. Im Inneren des Hotels befinden sich Wasseranlagen, Hängegärten und Hängekabinen.
Die interessantesten Gebäude im Bunker-Hill-Gebiet, zu dem auch das nicht so hohe World Trade Center gehört, sind jedoch die Gebäude des Wells Fargo Center (früher Crocker Center). Es besteht aus zwei scharfkantig geschnittenen Gebäuden, von denen das eine 54 und das andere 45 Stockwerke hoch ist und zwischen denen ein großer Glas- und Steinpavillon liegt, der im Inneren wertvolle Skulpturen, offene, von Palmen und Pflanzen durchzogene Restaurants und Geschäfte enthält und den Angestellten wie den Besuchern zur Erholung dienen soll. Alle drei Gebäude sind mit glattpoliertem rötlichbraunem Granit verschalt (der Pavillon enthält zudem viel Glas), der aus Finnland importiert und in Italien bearbeitet wurde und auf dem sich den Tag über die unterschiedlichsten Spiegelungen abzeichnen. Die Gänge und Hallen im Inneren bestehen aus Marmor. Im Wells Fargo Center sind die verschiedensten Firmen untergebracht. Gegenüber dem Wells Fargo Center sehen wir die zwei ebenfalls faszinierenden verglasten Wolkenkratzer des California Plaza. Wir befinden uns bereits auf der höchsten Spitze des Bunker Hill. Gehen wir weiter auf der östlichen Seite, so passieren wir das kleine Amphitheater

Museum of Contemporary Art (MOCA), Teilansicht.

für Straßenveranstaltungen und gelangen anschließend zum Museum of Contemporary Art (MOCA), einem unterirdisch angelegten Museum für Wanderausstellungen. Die Kennzeichen des Gebäudekomplexes sind seine Glaspyramidenaufsätze, die den Ausstellungsräumen unter der Erde Tageslicht liefern. Im ganzen besteht das Museum aus einer Mischung von ägyptischen Pyramiden, Jugendstil- und Bauhauselementen, wozu außer Glas vorwiegend roter indischer Sandstein verwendet wurde.

Gehen wir weiter in Richtung Norden, so sehen wir in den linken und rechten Nebenstraßen die Wohnkomplexe Promenade Plaza, Promenade West, Bunker Hill Condominium Towers und The Angelus Plaza (fünf große Gebäude mit Sozialwohnungen), von denen alle architektonisch interessant und abwechslungsreich gebaut sind. Doch wird bald die gesamte Grand Ave. bis zur 1st St. zugebaut sein. Ende der neunziger Jahre soll die neue Philharmonie des Architekten Frank Gehry vollendet sein.

Bereits vom MOCA aus sehen wir in nördlicher Richtung die Seitenfront des Dorothy Chandler Pavilion. Wir gehen darauf zu, überqueren die 1st St., passieren den Pavilion, steigen einige Stufen nach oben und stehen auf dem großen Platz des Los Angeles Music Center.

❹ Los Angeles Music Center

Südlich liegt der Dorothy Chandler Pavilion, in der Mitte das Mark Taper Forum und nördlich das Ahmanson

Dorothy Chandler Pavilion. Gebäude der Los Angeles Music Center Opera und der Philharmonie heute.

Henry Temianka (polnischer Abstammung), Violinist und Leiter des California Chamber Symphonic Orchestra aus Schottland (Mitte), zusammen mit den Komponisten (von links nach rechts): Charles Wakefield Cadman (USA), Mario Castelnuovo-Tedesco (Italien), Ernst Toch (Österreich), Miklos Rozsa (Ungarn).

Theatre. Alle drei modernen Gebäude enthalten viel Marmor, wobei das größte Gebäude, der Dorothy Chandler Pavilion, auch durch seine großen Glasfenster und seine riesige Veranda auffällt. Zwischen den Gebäuden befinden sich Wasserspiele, Wassergräben und Sitzgelegenheiten im Freien.

Im Dorothy Chandler Pavilion spielen die Los Angeles Music Center Opera, die Los Angeles Philharmonic sowie das Joffrey Ballet. Die 1986 gegründete Music Center Opera kann sich heute ohne weiteres mit den besten Opernhäusern der Welt messen, und die Los Angeles Philharmonic gehört bereits seit Otto Klemperers Leitung in den dreißiger Jahren zu den besten Orchestern der USA. Im Mark Taper Forum mit seiner Brecht-Tradition werden Dramen aufgeführt und im 2100 Sitze fassenden Ahmanson Theatre vorwiegend Musicals, aber auch Schauspiele mit berühmten Stars, wie 1981 Schillers *Maria Stuart.*

Die Music Center Opera, die unter der Leitung des Briten Peter Hemmings und seines Beraters Placido Domingo steht und immerhin über 3200 Sitze verfügt, ist auch dann, wenn sie nicht so populäre oder sogar recht moderne Opern spielt, fast immer ausverkauft. Los Angeles hatte zuletzt zwischen 1924 und 1933 eine ständige Oper, die Los Angeles Grand Opera, die sich damals mit Sängern wie Elisabeth Rethberg, Benjamino Gigli, Tito Schipa, Friedrich Schorr, Lawrence Tibbett, Lily Pons oder Ezio Pinza durchaus mit der New Yorker Metropolitan Opera messen konnte. Danach war Los Angeles ohne feste Oper, abgesehen davon, daß der große deutsche Regisseur Carl Ebert (1887–1980) in der von ihm gegründeten Opernabteilung der University of Southern California bemerkenswerte Inszenierungen hervorbrachte.

Heute gibt es im Großraum von Los Angeles noch die Long Beach Opera und die Opera Pacific.

Das Mark Taper Forum mit seinen 750 Sitzen gehört zu jenen 25 Theatern in Los Angeles, die gewerkschaftlich gebunden sind und damit ein größeres Theater haben; es gibt aber auch noch achtzig gewerkschaftlich nicht gebundene Theater, die nur über höchstens 99 Sitze verfügen dürfen. Diese gewerkschaftlich ungebundenen Theater wurden auf Wunsch von Schauspielern gegründet, die lieber für wenig oder gar keine Gage spielen als überhaupt nicht. Sie wollen dort für größere Theater oder den Film entdeckt werden oder treten zwischen ihren Filmengagements auf, um wieder einmal auf der Bühne zu stehen.

Im Dorothy Chandler Pavilion oder gelegentlich im Shrine Auditorium bei der University of Southern California, südlich von Downtown, 665 W. Jefferson Blvd., werden jährlich die Oscars verliehen. In diesem außen an eine riesige Doppelmoschee und innen an einen maurischen Tempel erinnernden, über 6000 Sitze fassenden Shrine Auditorium gastierten vor der Errichtung des Dorothy Chandler Pavilions im Jahre 1964 regelmäßig bedeutende Opernensembles der USA und Europas. Außerdem wurde es für viele bekannte Filme verwendet.

Wir gehen zum Pershing Square zurück, fahren dann über den Broadway zur 1st St., in die wir nach rechts einbiegen. Dann fahren wir Richtung Central Ave., in die wir links einbiegen.

❺ Temporary Contemporary 152 N. Central Avenue

Das Temporary Contemporary befindet sich in ehemaligen Polizeilagerräumen, gehört zum MOCA und war ursprünglich nur als Übergangslösung gedacht, was bereits sein Name andeutet. Da sich die großen Hallen aber gut für moderne Monumentalkunstwerke eignen, zum Beispiel für riesige weiße Flächen mit einem kleinen Punkt in der Mitte, wurde es beibehalten. Jeder Künstler, der viel Raum braucht, kann sich um eine Ausstellung bewerben. Denn auch das Temporary Contemporary enthält fast ausschließlich Wanderausstellungen.

Wir fahren auf der 1st St. weiter zur Alameda St., in die wir in Richtung Norden einbiegen und bis zum Union Station fahren.

❻ Union Station

Die Union Station ist der Hauptbahnhof von Los Angeles. Dieses im Missionsstil, dem Stil der alten spanischen Missionsstationen, erbaute Gebäude mit einem der schönsten Restaurants von Los Angeles und seinen integrierten Patios, Gärten und spanischen Laubengängen ist eine wirkliche Sehenswürdigkeit von Los Angeles. Innen besteht der Bahnhof aus zwei riesigen, domartigen Hallen mit Holzdecken, Holzbalken und eindrucksvollen Fresken. Breite, bequeme Ledersessel laden zum Sitzen ein. Andere Ausstattungsstücke erinnern an Beichtstühle und Orgelemporen. Der Bahnhof gewinnt daher etwas von einer Kathedrale. Die Zugangshallen zu den Zügen sind durch große Holztore verschlossen, so daß man die Züge weder hört noch sieht.

Auf diesem Bahnhof, der in seinem gegenwärtigen Aussehen 1939 fertiggestellt wurde und seitdem häufig die Kulisse für Filme bildete, kamen viele Stars und Emigranten an. Der erste Eindruck von Los Angeles muß deshalb überwältigend gewesen sein. So berichteten zumindest viele Neuankömmlinge, mögen die Enttäuschungen danach auch noch so groß gewesen sein.

Als der junge Produzent David O. Selznick 1934 mit Fritz Lang und Leontine Sagan, der Regisseurin von *Mädchen in Uniform* (1931), auf dem alten Bahnhof, der ganz in der Nähe lag, ankam und ein großes Presseaufgebot erschienen war, um vor allem Lang zu begrüßen, äußerte Selznick folgenden prophetischen Ausspruch: »Deutschlands Verlust ist Amerikas Gewinn.« Hitler-Deutschland und Hitler-Österreich verloren bald darauf den größten Teil ihrer bedeutendsten Künstler.

Vom Union Station gehen wir zu Fuß zu der gegenüberliegenden Olvera St.

❼ Olvera Street

Am Eingang zur Olvera St. befindet sich ein großer Platz, auf dem mexikanische Feste gefeiert werden. Die Olvera St. selbst ist nur circa hundert Meter lang, enthält aber in der Mitte zahlreiche Holzbuden mit mexikanischen Waren, und links und rechts stehen die ältesten Steingebäude von Los Angeles. Kleine und größere mexikanische Restaurants mit Musik und Tanz laden zum Abendessen ein.

❽ Chinatown

Wir können aber auch am Ende der Olvera St. links in den Sunset Blvd. einbiegen, bis zum Broadway gehen und diesem nach rechts in Richtung Chinatown folgen. Chinatown erstreckt sich über mehrere Straßen am Broadway und seinen Parallelstraßen entlang. Der Eingang zum Zentrum befindet sich links am Jung Jing Min WY. Ab hier sind wir von zahlreichen chinesischen Restaurants und Geschäften umgeben; vieles ist Nepp, einiges ist von höchster Qualität.

Von links nach rechts:
Otto Klemperer,
Prinz Hubertus zu Löwenstein,
Arnold Schönberg, Ernst Toch,
bei einem Ausflug, 1937.

Ausflüge

❶ Museen und Galerien

Los Angeles bestitzt eine Reihe bedeutender Museen, und Künstler finden hier eine Vielfalt kleiner Privatgalerien.

Beginnen wir mit dem Jean Paul Getty Museum, 17985 Pacific Coast Highway in Malibu. Der Gebäudekomplex wurde in Anlehnung an eine alte pompejanische Villa errichtet und enthält vorwiegend hellenistische, vorhellenistische und römische Skulpturen und Mosaiken sowie Gemälde früherer Meister. Mehr als die Ausstellungsstücke fasziniert die gesamte Anlage mit ihrer Großzügigkeit: weite, helle Räume, kleine Restaurants, Palmen, Eukalyptusbäume, kalifornische Eichen – und der Blick auf den Ozean. Eines Tages, wenn das neue Getty Center in Brentwood fertiggestellt ist, wird dort neben dem Forschungszentrum für bildende Kunst, Literatur, Theater und Film und der Restaurationsschule ebenfalls eine Gemäldegalerie eingerichtet werden. Hier in Malibu bleiben die hellenistischen und vorhellenistischen Kunstschätze.

Das Los Angeles County Museum of Art (LAC MA) befindet sich in 5905 Wilshire Blvd. und enthält eine architektonisch wenig geglückte, »altägyptisch« wirkende Monumentaltempelfront, die mit ihrer Sandstein- und Glaskachelverbindung im Kontrast zu den sonstigen, hellrosa Plastikplatten steht, mit denen der hintere Teil des 1983 errichteten neuen Hauptgebäudes verschalt ist. Einen weiteren Kontrast bilden die grünen Säulen und hohen Stahlbögen der Eingangswege, die wiederum disharmonisch gegenüber den älteren »klassizistischen« Bauten wirken, die man als zusätzliche Museumsräume erhalten hat. Das LACMA besitzt große Räumlichkeiten für Wanderausstellungen und zeigt europäische Malerei von 1900 bis 1950 sowie europäische und amerikanische Gemälde und Skulpturen seit 1945. Außerdem befindet sich im LACMA die Robert-Gore-Rifkind-Sammlung, die deutsche Expressionisten enthält, und ein japanischer Gebäudekomplex zeigt alte und moderne japanische Kunst.

Am interessantesten ist aber das östlich anschließende George Page Museum mit prähistorischen Fossilien von Tier- und Menschenüberresten, die in einem Meer von Teer ausgegraben wurden und hier sowohl im Original als auch in der rekonstruierten Zusammensetzung gezeigt werden.

Eine weitere Fahrt sollte zu den Museen in Pasadena und San Marino führen. Beide sind östliche Vororte von Los Angeles und gehören zu den wohlhabendsten und elegantesten Wohnvierteln der Vereinigten Staaten und enthalten außerdem Zentren mit europäisch wirkenden, alten Gebäudekomplexen (letztere besonders in Pasadena). Dennoch waren diese Wohnstädte keine Zentren der Emigranten wie Hollywood, Beverly Hills, Bel Air, Brentwood, Santa Monica oder Pacific Palisades. Zu den bekanntesten Emigranten, die hier wohnten, gehörten nach 1942 für drei Jahre Vicky Baum (464 Belfontaine Ave.), bevor sie 1945 wieder nach Hollywood, 2477 Canyon Oak Dr.,

zog, wo sie bis zu ihrem Tod 1960 lebte, sowie der Nobelpreisträger für Biologie, Max Delbrück (1906–1981). Er lehrte an dem California Institute of Technology in Pasadena.
In San Marino befindet sich die Huntington Library, 1151 Oxford Rd. Hier finden wir neben einer Gutenberg-Bibel das Ellesmere-Manuskript von Chaucers *Canterbury Tales* und das Konrad-Wachsmann-Archiv. Der aus Deutschland emigrierte Architekt Konrad Wachsmann (1901–1980) zeichnete sich vor allem durch die Konstruktion von Fertighäusern aus. Außerdem besitzt die Huntington Library eine bedeutende Gemäldesammlung mit Gainsboroughs *Blue Boy* sowie amerikanischen Malereien von 1730 bis 1930. Zudem zeigt sie Renaissancegemälde sowie französische und britische Malerei und Kunst aus dem 18. und 19. Jahrhundert. Besonders eindrucksvoll sind aber die riesigen Gartenanlagen: Neben einem botanischen Garten finden wir einen Kakteengarten, einen Rosengarten und einen Kameliengarten. Besonders der Japanische Garten ist einen Besuch wert.
Das wohl interessanteste Museum im Los Angeles County ist das Norton Simon Museum in Pasadena, 411 W. Colorado Blvd. Hier finden wir neben einigen der bedeutendsten Werke von Cranach, Rembrandt, Rubens und anderen früheren Meistern eine der größten Degas-Sammlungen der Welt. Sie gehört zur hiesigen Sammlung anderer bekannter Meisterwerke des französischen Impressionismus. Außerdem gibt es Werke aus den verschiedenen Schaffensperioden von Picasso sowie Gemälde von Kandinsky, Klee, Jawlensky und Feininger, also Werke der Blauen Vier. Im Vorhof und in den Gartenanlagen stehen bekannte Skulpturen von Rodin.

❷ Friedhöfe

Friedhöfe sind oft auch schön gestaltete Anlagen, und die Form ihrer Grabstätten spiegelt den Geschmack, die kulturellen Einflüsse und die sozialen Strukturen der Epochen wider, in denen sie entstanden sind.
Der jüdische Friedhof Hillside Memorial Park, 6001 Centinela Ave., ist durch seine weithin sichtbaren Marmorsäulen oberhalb schwarzer, wasserrauschender Kaskaden markant. Hier liegen unter anderem Paul Kohner (s. S. 43f.) und der Schauspieler und Kabarettist Jack Benny begraben.
Auf dem benachbarten katholischen Friedhof Holy Cross, 5835 W. Slauson Ave., ruhen neben anderen Berühmtheiten Mario Lanza, Bing Crosby, Jimmy Durante, Conrad Hilton, Rita Hayworth, Bela Lugosi, Rosalind Russell und Sharon Tate-Polanski.
Beide Friedhöfe fallen sofort ins Auge, wenn man vom International Airport kommt und auf dem San Diego Freeway in Richtung Santa Monica, Westwood, Beverly Hills oder Hollywood fährt. Sie liegen auf der rechten Seite.
Der bekannteste Friedhof von Los Angeles ist aber Forest Lawn Glen-

dale, 1712 Glendale Ave. im Stadtteil Glendale. Dort finden wir in einem mächtigen Gebäude das größte Wandgemälde der Welt, die Kreuzigung Christi, und in einem der größten Mausoleen der Welt eine auf Glas gemalte Kopie von Leonardo da Vincis *Abendmahl.* Außerdem gibt es selbst für Kunsthistoriker wichtige, weil nicht wie an den Originalschauplätzen abgeschirmte, völlig getreue Nachbildungen von Statuen Michelangelos, darunter die *Pietà* und *David,* die man dort im Detail studieren kann. Abhängig vom Grad der Freizügigkeit oder der sittlichen Strenge einer Epoche sind dann Davids Geschlechtsteile entweder mit einem Lorbeerblatt bedeckt oder nicht. Auf diesem Friedhof haben 1940 Ronald Reagan und Jane Wyman geheiratet, denn viele amerikanische Friedhöfe enthalten zugleich Hochzeitskirchen. Begraben oder in den Wänden der Mausoleen eingesargt finden wir auf dem Forest Lawn Mary Pickford, W. C. Fields, Ernst Lubitsch, Humphrey Bogart, Spencer Tracy, Walt Disney, Errol Flynn, Clark Gable und Nat King Cole, um nur einige der Prominenten zu erwähnen.

❸ Neue Architektur auf dem Wilshire Boulevard

Die pompöse Eklektik, die noch den zehn Jahre alten Monumentalbau des County Museum of Art auszeichnete, scheint heutzutage nicht mehr maßgebend zu sein. Das beweist der Wilshire Blvd. zwischen dem LACMA im Osten und dem Rodeo Dr. im

Ludwig Marcuse, der an der USC lehrte, 1970.

Westen. Hier wurde in den letzten Jahren eine kreative, ästhetisch-harmonische und menschenfreundliche Moderne (Postmoderne) in der Architektur entwickelt, die ohne gezielte Eklektik und ohne Wolkenkratzer Altes und Neues organisch verbindet, wobei das Neue überwiegt. Es lohnt sich, hier auch einmal das Auto zu verlassen, um zu Fuß zu entdekken, wie gerade in der neuesten Bautechnik Gestaltungsphantasie mit Praktischem und Eleganz verbunden werden kann.

❹ Privatgalerien

Los Angeles besitzt zahlreiche Privatgalerien, die für den Liebhaber zeitgenössischer Kunst eine Fundgrube sein können. Die meisten dieser Galerien befinden sich auf dem Santa Monica Blvd. und der Melrose Ave. zwischen Fairfax Ave. und Doheny Dr. sowie auf dem La Cienega Blvd. und Robertson Blvd. oder in einigen der exklusiven Parallelstraßen des Rodeo Dr. in Beverly Hills zwischen Wilshire Blvd. und Santa Monica Blvd. Außerdem finden wir sie noch in Santa Monica südlich und nördlich der Fußgängerzone Third Street Promenade sowie im Stadtteil Venice zwischen der Pacific Ave. und dem Ozean. Viele dieser Galeriebesitzer oder -begründer sind oder waren deutsche oder österreichische Emigranten.

❺ Universitäten

Die beiden wichtigsten Universitäten von Los Angeles sind die University of California at Los Angeles (UCLA) in Westwood und die University of Southern California (USC) südlich von Downtown. Beide Universitäten unterhielten enge Beziehungen zu Emigranten: Franz Werfel besonders zur UCLA, Thomas Mann zur USC. Außerdem lehrte Arnold Schönberg an der USC sowie der UCLA. Der bedeutende deutsche Theaterleiter William W. Melnitz (1900–1989) lehrte an der UCLA, Ludwig Marcuse, Konrad Wachsmann und Carl Ebert lehrten an der USC. Demzufolge besitzen beide Universitäten auch wichtige Nachlässe von Emigranten: An der UCLA gibt es Doku-

Die Komponisten Eric Zeisl (Österreich), Alexander Tansman (Frankreich), Mario Castelnuovo-Tedesco (Italien), 1948.

mente von William Wyler, William W. Melnitz, Eric Zeisl und Walter Jurmann sowie einen großen Teil des Nachlasses von Franz Werfel; die USC hat die Nachlässe von Arnold Schönberg, Lion Feuchtwanger, John (Hans) Brahm (1893–1982), Teile des Felix-Jackson- und Max-Reinhardt-Nachlasses sowie die amerikanischen Nachlässe von Fritz Lang, Erich Pommer, Julius Berstl, Joe Pasternak und Joseph Schildkraut (1895–1964). Außerdem besitzt die USC die Heinrich Gomperz Collection von Erstdrucken berühmter Philosophen sowie Nachlässe von oder detaillierte Informationen über den Kabarettisten Elow (1893–1978), die Schauspielerin und Sängerin Blandine Ebinger (geb. 1904) sowie den Autor, Komponisten und Kabarettisten Georg Kreisler (geb. 1922).

Walter Jurmann (1903–1971) war ein aus Österreich emigrierter Komponist von bekannten Schlagern und Filmliedern (er schrieb unter anderem das berühmte Lied *San Francisco),* Julius Berstl (1883–1975) ein Dramaturg und Bühnenschriftsteller aus Deutschland und Heinrich Gomperz (1873–1942) ein Philosophiegelehrter aus Österreich. Erich Pommer (1889–1966) war der langjährige Chef der UFA und einflußreichster Filmproduzent Europas bis zur Nazi-Zeit. Er produzierte danach Filme in Frankreich, England und Hollywood sowie nach 1945 wieder in Deutschland, doch gelang es ihm nicht mehr, an seine früheren Erfolge anzuknüp-

Eric und Gertrude Zeisl, 1950. Sie wurden nach den 50er Jahren für die zurückgebliebenen Emigranten zum wichtigen Treffpunkt.

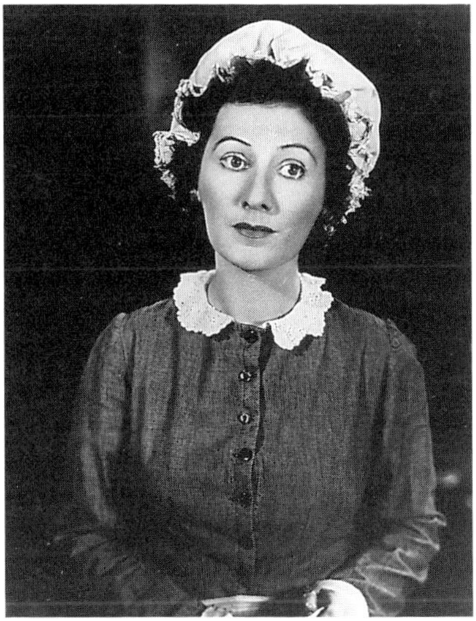

Blandine Ebinger in dem Film *The Beaver Coat*, 1939.

fen. Zu den einflußreichsten Produzenten Hollywoods stieg dagegen Joe Pasternak (1901–1991) auf, der aus Österreich-Ungarn kam.

❻ Mission Gallery und Canoga Mission Ranch in Canoga Park

Ein lohnender Ausflug führt zur Mission Gallery und Canoga Mission Ranch in der ungefähr fünfzig Kilometer nordwestlich von Los Angeles gelegenen Stadt Canoga Park, wo auch William Dieterle für viele Jahre auf einer Ranch, Fairview Acres, lebte. In Canoga Park errichtete der noch heute aktive und vorwiegend in Palm Springs lebende Hollywood-Star und Philanthrop Francis Lederer (geb. 1899), der aus Prag stammt und im Berlin der zwanziger Jahre ein bekannter Schauspieler war, vor Jahrzehnten eine Residenz, die zu den Sehenswürdigkeiten von Südkalifornien gehört. Beide Plätze, die Mission Gallery sowie die auf einem nicht weit entfernten Hügel liegende Residenz, wurden im Missionsstil gebaut, der den spanischen Baustil mit indianischen Elementen verbindet. Francis Lederer, der beide Gebäude selbst entworfen hatte und mit Hilfe eines bekannten Architekten errichten ließ, äußerte hierzu: »Ich liebte diese Mischung zwischen spanischer Architektur und indianischer Einfachheit, deshalb baute ich sowohl die Gallery als auch die Ranch in diesem Stil.«
Die Gallery zeigt vorwiegend mexikanische Volkskunst. In der Ranch, de-

Francis Lederer.

ren Wände und Bauelemente so bearbeitet wurden, daß sie alt erscheinen, finden wir spanische und italienische Möbel, Gemälde aus dem 14. und 15. Jahrhundert sowie indianische Handarbeiten und Kunstgegenstände aus längst vergangenen Epochen.

❼ Venice

Amerikas Klein-Venedig liegt am Pazifischen Ozean. Venice zeichnet sich durch einige kleine Kanäle mit Bogenbrücken und malerischen, aber oft sehr heruntergekommenen Einfamilienhäusern aus, unter denen sich hin und wieder auch modern-bizarre oder skurrile Gebäude befinden. Am bekanntesten ist der Ocean Front Walk mit der Muscle Beach, einem kleinen Gelände für Muskeltraining. Außerdem ist Venice einer der letzten Sammelpunkte für Hippies, Rollschuhläufer, Maoisten und Aussteiger aller Art. Früher gingen hier viele Emigranten spazieren, zumal in Venice auch eine bekannte Synagoge steht. Gleich bei der Muscle Beach, 1600 Ocean Ave., lebte für einige Zeit Tennessee Williams.

❽ Fisherman's Village in Marina Del Rey und Ports O'Call Village in San Pedro

In diesen gepflegten »Fischerdörfern«, mit ihren kleinen und mittelgroßen idyllischen Häusern und Re-

Venice, 1941.

staurants, kann man am Wasser spazierengehen und gute Fischrestaurants finden. Allerdings sind das nicht die einzigen Zentren mit malerischen Häusern und Restaurants am Wasser; es gibt sie auch in Manhattan Beach, Hermosa Beach, Redondo Beach und in Long Beach, wo sogar das Schiff *Queen Mary* zu besichtigen ist und sie wirken in diesen Stadtteilen nicht so in sich abgeschlossen und »künstlich« wie in Fisherman's Village oder Ports O'Call Village. In San Pedro traf am 21. Juli 1941 Bertolt Brecht mit Familie und Mitarbeiterin ein.

Ernst Krenek im Max Kade Institute, 1981.

❾ Palm Springs

Ungefähr zweihundert Kilometer östlich von Los Angeles liegt hinter den Bergen von San Bernardino der Wüstenort Palm Springs. Er wirkt wie eine Riesenoase mit seinen teuren Villen und eleganten Einkaufsstraßen, an die sich mittlerweile andere und zum Teil noch exklusivere Oasenstädte in östlicher Richtung anschließen. Palm Springs liegt am Rande von bis über 3000 Meter hohen Bergmassiven, so daß wir im Winter oben Ski laufen und am Abend unten in der Wärme baden können. Außerdem laden uns elegante Restaurants zum Abendessen ein.

In Palm Springs, wo fast alle großen Hollywood-Stars der vergangenen Jahrzehnte ihre Sommervillen hatten oder noch haben, lebten bis zu ihrem Tod der aus Österreich stammende große Komponist der Moderne, Ernst Krenek (1900–1992), sowie der in Berlin geborene, von österreichischen Eltern abstammende Musicalkomponist Frederick Loewe (1904–1988), der die Welterfolge *Gigi, My Fair Lady* und *Camelot* schrieb. Sie wohnten nur einige Villen voneinander entfernt, der eine sehr luxuriös, der andere etwas bescheidener. Außerdem lebte hier bis zu ihrem Tod im Jahr 1991 die Opernsängerin und Filmschauspielerin Gitta Alpar. Noch heute wohnt hier Francis Lederer.

Auf die Frage, wie er sich in der Fremde fühle, antwortete Ernst Krenek einmal: »Eigentlich bin ich in meiner Heimat geblieben. Die Hauptfigur einer meiner Opern, Karl der Fünfte, ein Habsburger, sagte einmal, ›In meinem Reich geht die Sonne nie unter‹, und meinte damit sein Reich von Österreich bis zu dem damals unter Habsburg-Spanien besetzten Gebiet Mittelamerikas, das bis Kalifornien reichte. Geboren bin ich im östlichsten Teil dieses Reiches, in Wien, und sterben werde ich im westlichsten, in Südkalifornien.«

⑩ Santa Barbara

Fahren wir von Los Angeles in nordwestlicher Richtung, so kommen wir nach ungefähr 150 Kilometern in eine der paradiesischsten Städte am Pazifik, Santa Barbara. Vorher passieren wir Camarillo, wo im Leisure Village der aus Berlin stammende Erfolgsregisseur Henry Koster (1905–1988) die letzten Jahres seines Lebens verbrachte und wo noch heute Felix Jackson (geb. 1902) und der Produzent John Pommer (geb. 1916), Sohn von Erich Pommer, leben. Das Zentrum von Santa Barbara wurde nach einem großen Erdbeben im Jahr 1925 im Missionsstil neu aufgebaut und hat heute eines der schönsten Rathäuser der Welt. Ein großer Teil der Stadt liegt auf farbenprächtig bepflanzten Hügeln; dort finden wir Villen, die großzügig miteinander harmonieren. Dahinter erheben sich hohe Bergmassive.

In diesem von der Welt abgeschiede-

Der Regisseur Henry Koster (links) zusammen mit dem Produzenten Joe Pasternak.

Emil Ludwig bei einer Lesung im Freien, 1940.

nen Wohnparadies hielt sich Franz Werfel des öfteren auf, und hier lebte zwischen 1940 und 1942 Emil Ludwig. Andere bekannte Emigranten, die hier wohnten, waren Julius Berstl, der Schauspieler Norbert Schiller (1899–1988) und Lotte Lehmann. Lotte Lehmann (1888–1976), eine der berühmtesten Sängerinnen der internationalen Opernwelt, lehrte hier an der Music Academy of the West und bildete berühmte Sängerinnen und Sänger aus. Ihre Villa in dem Stadtteil Hope Ranch trug den Namen Orplid: »Du bist Orplid, mein Land, das ferne leuchtet« (Mörike).

⓫ San Diego

Ungefähr zweihundert Kilometer südlich von Los Angeles befindet sich die größere Grenzstadt San Diego. Auf halbem Weg können wir Richtung Meer abbiegen und die malerisch gelegene Künstlerkolonie Laguna Beach besuchen.
Die Innenstadt von San Diego ist modern, enthält aber auch noch die

Altstadt aus mexikanischer Zeit. Außerdem gibt es auch hier teure Villenviertel. An der University of California at San Diego (UCSD) im Nobelvorort La Jolla lehrte für viele Jahre der aus Deutschland emigrierte Philosoph Herbert Marcuse (1898–1979).

⓬ Three Rivers und Sequoia National Park

Wenn wir etwa 350 Kilometer nach Norden fahren, um uns hoch oben im Sequoia National Park unter den mächtigsten Bäumen der Welt, den Redwoods (Mammutbäumen), und in der Gesellschaft von wilden Bären zu erholen, passieren wir am Fuße des Parks den Ort Three Rivers. Wer sich vorher anmeldet, kann auf der Nebenstraße S. Fork bis zur Einfahrt 43 422 fahren und von dort hinauf zur Ranch des Science-fiction- und Filmautors Curt Siodmak gelangen. Der heute neunzigjährige ehemalige Dresdner Curt Siodmak und seine Frau, die Schweizerin Henrietta, gehören zu den gastfreundlichsten Menschen, die es gibt, und diese Gastfreundschaft gilt auch den Tieren. So kommen zu ihrer Ranch täglich Adler, Pfauen, Waschbären und andere Tiere, die hier in der Wildnis leben.

Die Fahrt zur Ranch führt durch bizarre Gebirgsformationen. Kommen wir bei Nacht an und stellen kurz vor der Auffahrt zur Ranch Scheinwerfer und Motor ab, so erleben wir bei bewölktem Himmel eine so totale Dunkelheit und eine von den Bergen zurückhallende Stille, daß uns schaudert. Plötzlich glaubt man, daß ein

Robert (links) und Curt Siodmak, 1962.

Zombie oder ein Sohn von Dracula auftauchen könnte oder der Wolfsmensch mit Frankensteins Monster zusammentrifft. Denn sie alle sind Gestalten, die Curt Siodmak, der hier seit 1957 lebt, erfunden hat. Dabei zeigt Curt Siodmak selbst in seinen Horror- oder Science-fiction-Filmen Anklänge an die Analysen und Philosophien von Sigmund Freud, Friedrich Nietzsche oder Immanuel Kant. In *The Wolf Man (Der Wolfsmensch,* 1941) liegt die eigentliche Ursache für die Verwandlung in einen Wolfsmenschen in einem Freudschen Vater-Sohn-Konflikt, und in *The Bride of the Gorilla (Die Braut des Gorilla,* 1951) erleben wir die Verwandlung eines Menschen in einen die Natur beherrschenden Gorilla als lustvollen

Ausbruch aus der Strenge der Zivilisation. Es ist ein Weg in die Freiheit und der Übergang zu einer elementaren Übermenschennatur unter direkten Anspielungen auf Nietzsche, auch wenn der Ursprung dieses Ausbruchs zunächst die Flucht vor der Bestrafung als Mörder ist. Und in *Danovan's Brain,* einem Roman von 1942, der oft verfilmt wurde, wird die Frage im Sinne Kants aufgeworfen: Kann ein vom Körper getrenntes, aber zum Weiterleben präpariertes Gehirn ohne die Verbindung zwischen Verstandeskategorien und Sinneswahrnehmungen neue Kenntnisse sammeln? Die Antwort lautet nein: Es

Curt Siodmak in seinem Arbeitszimmer in Three Rivers, 1992.

kann noch alte, gespeicherte Erinnerungen verwerten, scheitert aber, wenn es neue sucht. Dazu braucht es einen Körper, den es in diesem Fall von jenem Wissenschaftler fordert, der das Gehirn einem tödlich Verunglückten entnommen hat. Und in Siodmaks vielgepriesenem Film *The Magnetic Monster* (1953), in dem sich ein von Menschen geschaffenes Element gefährlich verselbständigt, finden wir fast wörtliche Anspielungen auf Goethes Ballade *Der Zauberlehrling.*

Doch was Curt Siodmak, der immer noch schriftstellerisch tätig ist, heute interessiert, sind andere Betrachtungen: »Was wichtig ist, ist ein Dach über dem Kopf, genug zu essen, Gesundheit und eine glückliche Ehe. Alles andere, selbst das Schreiben von Büchern, ist Luxus, der nur noch hinzukommt und auf den man verzichten kann.«

So lautet die weise Erkenntnis eines alten Mannes und eines Emigranten, der Angst, Not und Trennung durchgemacht hat und der weiß, daß Millionen Menschen nicht wie er und die anderen Emigranten, die wir in Hollywood besucht haben, vor dem Nazi-Terror gerettet werden konnten.

Danksagung

Mein besonderer Dank gilt meinen Mitarbeiterinnen, Susanne Schädlich und Dagmar Schmid, die mir beim Aufspüren und Überprüfen von Daten und Adressen intensiv geholfen haben.
Weiteren Dank für persönliche Hilfe oder wichtige Informationen schulde ich Lupita Kohner, Barbara Schoenberg, Henry Temianka, Konrad Kellen, Gerald Turbow, Irene Heyman, Victoria Meyers, Lisl Reisch, Richard Meichtry, Robert L. Sweeney, Pat Moore, Kari Johnson, Dace Taube, Andrea Castillo Herreshoff, Hans Georg Nees und meiner Frau Judy.

Biographische Notiz

Cornelius Schnauber, geb. 1939 in Freital bei Dresden. Studium der Literaturwissenschaft, Politischen Wissenschaften und Phonetik/Linguistik in Hamburg. Direktor des Max Kade Institute for Austrian-German-Swiss Studies und Associate Professor of German an der University of Southern California, Los Angeles. Mitarbeiter der *Neuen Zürcher Zeitung* und des Bayerischen Rundfunks. Mehrere Veröffentlichungen zum Film und zur Literatur des 20. Jahrhunderts. Lebt seit 1968 in Los Angeles.

Literaturverzeichnis

Alleman, Richard: The Movie Lover's Guide to Hollywood. New York 1985
Angst-Nowik, Doris and Sloan, Jane and Schnauber, Cornelius: One Way Ticket To Hollywood. Film Artists of Austrian and German Origin in Los Angeles. Emigration 1884–1945. (Catalogue) Los Angeles 1986
Askin, Leon: Quietude and Quest. Riverside 1989
Friedrich, Otto: City of Nets. New York 1986
Gebhard, David and Winter, Robert: Architecture in Los Angeles. Layton 1985
Granach, Alexander: Hier geht ein Mensch. Autobiographischer Roman. Frankfurt a. Main o. J.
Heilbuth, Anthony: Exiled in Paradise. New York 1983
Henreid, Paul: Ladie's Man. An Autobiography. With Julius Fast. New York 1984
Horak, Jan-Christopher: Fluchtpunkt Hollywood. Münster 1984
Karasek, Hellmuth: Billy Wilder. Eine Nahaufnahme von Hellmuth Karasek. Hamburg 1992
Kohner, Hanna and Walter, with Kohner, Frederick: Hanna and Walter. A Love Story. New York 1984
Loewy, Ronny: Von Babelsberg nach Hollywood. Filmemigranten aus Nazideutschland. (Katalog) Frankfurt a. Main 1987
Mann, Thomas: Briefe 1937–1947. Hg. von Erika Mann. Frankfurt a. Main 1963
Mann, Thomas: Briefe 1948–1955. Hg. von Erika Mann. Frankfurt a. Main 1965
Mann, Thomas: Tagebücher 1940–1943. Hg. von Peter de Mendelssohn. Frankfurt a. Main 1982
Mann, Thomas: Tagebücher 1944–1946. Hg. von Inge Jens. Frankfurt a. Main 1986
Mann, Thomas: Tagebücher 1946–1948. Hg. von Inge Jens. Frankfurt a. Main 1989
Merrill-Mirsky, Carol: Exiles in Paradise. (Catalogue) Los Angeles 1991
Mierendorff, Marta: Collection Marta Mierendorff Catalogue. First West Coast Exhibition. German Language Theater in Exile. Los Angeles 1974

Palmer, Lilli: Change Lobsters, and Dance; an Autobiography. New York 1975
Pasternak, Joseph: Easy the Hard Way, as told to David Chandler. New York 1956
Preminger, Otto: Preminger – An Autobiography. New York 1977
Reinhardt, Gottfried: The Genius; A Memoir of Max Reinhardt. New York 1977
Reinhardt, Gottfried: Der Apfel fiel vom Stamm. München 1972
Schildkraut, Joseph: My Father and I. New York 1959
Schnauber, Cornelius: Die letzten Jahre in Hollywood. (24 Porträts über Filmemigranten in der *Neuen Zürcher Zeitung* zwischen 1982 und 1988)
Schnauber, Cornelius: Fritz Lang in Hollywood. Wien, München, Zürich 1986
Siodmak, Robert: Zwischen Berlin und Hollywood. Erinnerungen eines großen Filmregisseurs. Hg. von Hans C. Blumenberg. München 1980
Slezak, Walter: What Time's the Next Swan? New York 1962
Spalek, John M. und Strelka, Joseph (Hg.): Deutsche Exilliteratur seit 1933. 1. Kalifornien. Bern 1976
Sternberg, Josef von: Fun in a Chinese Laundry. New York 1965
Strauss, Herbert A. and Röder, Werner: International Biographical Dictionary of Central European Emigrés 1933–1945. München, New York, London, Paris 1983
Torrence, Bruce: Hollywood. The First 100 Years. Los Angeles 1979
Viertel, Salka: The Kindness of Strangers. New York 1969
Weaver, John D.: Los Angeles. The Enormous Village 1781–1981. Santa Barbara 1980
Wert, Peter B. (Hg.): Happy Birthday, Hollywood! Los Angeles 1987
Zinnemann, Fred: A Life In the Movies. An Autobiography. New York 1992

Zitatennachweis und Archivquellen

Archivmaterial (unveröffentlichtes): Marta Mierendorff Collection (Max Kade Institute, USC); Max Kade Institute (USC); Arnold Schoenberg Institute (USC); Hollywood Heritage; Cornelius Schnauber-Privatarchiv
Brecht, Bertolt: Arbeitsjournal. Frankfurt a. Main 1973
Feuchtwanger, Lion: Moskau 1937. Amsterdam 1937
Kesten, Hermann: Deutsche Literatur im Exil. Briefe europäischer Autoren 1933–1949. München 1964
Kohner, Frederick: Der Zauberer vom Sunset Boulevard. München 1974
Mann, Erika und Klaus: Escape to Life. Deutsche Kultur im Exil. München 1991
Mann, Thomas: Gesammelte Werke in zwölf Bänden. Frankfurt a. Main 1960
Marcuse, Ludwig: Mein zwanzigstes Jahrhundert. München 1960
Marcuse, Ludwig: Obszön. München 1962
Schnauber, Cornelius: »Verehrte Frau Minister!« Briefwechsel zwischen dem Maler Wassily Kandinsky und seiner Agentin Galka Scheyer. Sendung der Deutschen Welle. Köln 1980
Stuckenschmidt, H. H.: Schönberg. Leben Umwelt Werk. Zürich 1974
Taylor, John Russell: Strangers in Paradise. New York 1983
Thimig-Reinhardt, Helene: Wie Max Reinhardt lebte. Percha 1973
Walter, Bruno: »Wider den Alltag«. In: Das musikalische Selbstportrait. (Hg. Josef Müller-Marein/Hannes Reinhardt) Hamburg 1963
Wicclair, Walter: Von Kreuzberg bis Hollywood. Berlin 1975

Bildnachweis

Architectural Drawing Collection, Santa Barbara (S. 66 rechts unten). – Archiv Blandine Ebinger, Berlin (S. 151 links oben). – City Library, Los Angeles (S. 5, 15, 25, 38, 63, 135, 137 rechts oben). – Aus: Conversations with Conductors, Ed. by Robert Chesterman, London (S. 82 rechts oben). – Don Bachardy, Los Angeles (S. 118 links oben). – Feuchtwanger Institute, USC (S. 69, 110, 112). – Fotopress Zürich (S. 104). – Hearst Newspaper Collection, University of Southern California Library (S. 18). – Max Kade Institute, Los Angeles (S. 11, 13, Foto von Morris P, Kagan: 14, 22, 48 rechts oben, 85, 96 links oben, 108 rechts unten, 111, 153). – Konrad Katzenellenbogen (S. 106). – Aus: The Kindness of Strangers, Ed. by Holt Reinhardt and Winston, New York 1969 (S. 118 unten). – Lupita Kohner, Los Angeles (S. 46, 47, 51, 83, 89). – Heinrich Mann Archiv, Aufbau Verlag, Berlin (S. 125). – Victoria Meyers, Los Angeles (S. 68). – Martha Mierendorff Collection, Max Kade Institute, Los Angeles (S. 28 unten, 29, 30, 31, 127). – Dione Neutra Collection, Los Angeles (S. 67). – Aus: Portraits of the Fifties. The Photographs of Sanford Roth, San Francisco 1987 (S. 99). – Harry Redl (S. 120). – Cornelius Schnauber, Los Angeles (S. 19, 20, 21, 27, 28 links oben, 34, 35, 36, 40, 43, 45, 49, 56 links unten, 58, 59, 65, 71, 72, 74, 76, 77, 78, 79, 80, 81, 82 unten, 84, 86 links unten, 87, 88, 93, 94, 97, 101, 103, 105, 108 links oben, 109, 113, 115, 116, 117, 119, 121, 123, 124, 126, 128, 130, 131, 137 links unten, 138, 139, 140, 141, 148, 151 rechts unten , 152). – Arnold Schoenberg Institut, Los Angeles (54, 86 rechts oben, 91, 100, 145). – Security, Pacific National Bank Photograph Collection, Los Angeles Public Library (Umschlag, Das Zentrum Hollywoods, 1941). – Curt Siodmak, Los Angeles (S. 156, 157). – Special Collections USC, Los Angeles (S. 5, 7, 48 links unten, 53, 66 links oben, 73, 95, 98, 107, 129, 151 rechts unten, 155). – Fred Stein, New York (S. 50). – Bruce Torrence Historical Collection, Hollywood (S. 2, 17). – Gerald Turbow, Los Angeles (S. 61). – Turner Entertainment Co. Los Angeles (S. 96 rechts unten). – Ullstein Bilderdienst Berlin (Umschlag, Thomas Mann in seinem Bibiliothekszimmer in Pacific Palisades). – USC Cinema Television Library, Los Angeles (S. 56 rechts oben, 154). – Wide World, Los Angeles (S. 57). – Barbara Zeisl-Schoenberg, Los Angeles (S. 102, 149, 150).

Personenregister

Halbfette Ziffern im Personenregister verweisen auf Häuser und Wohnungen, in denen die betreffenden Personen gelebt haben oder auf Abbildungen von ihnen.

Paul Raabe
Spaziergänge durch Goethes Weimar
187 Seiten. 154 Abb.
5 Karten. Brosch.

Wo begegnete Goethe Christiane Vulpius, seiner späteren Frau? Wo lebte Johanna Schopenhauer mit ihrer Tochter Adele? Und wo logierten die berühmten Besucher, die sich das untergegangene klassische Weimar lebendig machen wollten: Rainer Maria Rilke und Thomas Mann, Franz Kafka und Thomas Wolfe?
Auf fünf Spaziergängen führt der Autor durch das Weimar der letzten 200 Jahre: Erkundungen und Entdeckungen berühmter und vergessener Plätze deutscher Kulturgeschichte der Goethezeit, aber auch der nachklassischen Epoche, von Liszt und Freiligrath zu Gropius und Kandinsky.
»Ein sehr praktisches, gut bebildertes Handbuch... das auch der brauchen kann, der sich in Weimar und der klassischen deutschen Literatur gut auszukennen glaubt, denn Paul Raabe weiß einfach mehr...« Jörg Drews, Südd. Zeitung

Mary Ellen Jordan Haight
Spaziergänge durch
Getrude Steins Paris
Aus dem Amerikanischen
von Karin Polz
163 Seiten. 115 Abb.
5 Karten. Brosch.

...wo AutorInnen an der Handpresse standen und FreundInnen ihre FreundInnen verlegten. Ein Reiseführer durch das Paris der Avantgarde 1900–1940.

»In einem ungewöhnlich reizvoll bebilderten Städteführer für Literaturfreunde breitet die Autorin in fünf mit Plänen und Skizzen versehenen Kapiteln auf amüsante Weise eine Fülle von Informationen aus.« Helmut Winter, Frankfurter Allgemeine Zeitung

»Lieben Sie Spaziergänge? Dann folgen Sie den Spuren von Modigliani oder Matisse, von Picasso, Pound oder der Colette.« Sven Ricklefs, Bayerischer Rundfunk

Tessin
Ein Lesebuch
Herausgegeben von
Esther Scheidegger
163 Seiten.

Es war einmal: Ascona. Überhaupt das Tessin. Ein Dorado für Ästheten, Sonnenhungrige, Weltflüchtige, Vegetarier, Lebenskünstler. Ein Lesebuch mit Beiträgen von Jacob Burckhardt, Friedrich Glauser, Patricia Highsmith, Rudolf Jakob Humm, Franziska von Reventlow, Richard Seewald, Marianne Werefkin und vielen anderen.
»Man liest die vielen Geschichten der zugereisten Literaten mit Wehmut, mit Vergnügen, mit Sehnsucht.« Frankfurter Allgemeine Zeitung

Sherman Oaks
Studio City
MOORPARK
VENTURA
COLDWATER
Encino Reservoir
Caballero
MULHOLLAND
DR
MULHOLLAND
San Vicente Mtn.
EL. 1965
MONICA
MOUNTAINS
Upper Stone Canyon Res.
Stone Canyon Reservoir
Upper Franklin Canyon Reservoir
Lower Franklin Reservoir #2
Storm Water Detention Basin
SAN DIEGO
405
Sepulveda
Canyon
SANTA
MONICA
MOUNTAINS
NATIONAL
Mandeville
Rustic
Sullivan
Temescal
Rivas
STATE
PARK
CAMP JOSEPHO GROUP CAMP
RUSTIC CAN RD
CAPRI DR
WILL ROGERS STATE HISTORIC PARK
Kenter
Canyon
BENEDICT
Benedict
GLEN
Canyon
FRANKLIN
GREYSTONE PARK
BEVERLY HILLS
Holmby Hills
Bel Air
SUNSET
BEVERLY
U.C.L.A.
Westwood
THE ARMAND HAMMER MUSEUM OF ART AND CULTURAL CTR.
FED. BLDG.
MORMON TEMPLE
WILSHIRE
ABC ENTERTAINMENT CENTER AND SHUBERT THEATRE
Century City
AVE OF THE STARS
CANON
RODEO DR
BURTON
SANTA MONICA
Brentwood
KENTER AVE
BLVD
SUNSET
Pacific Palisades
CHAUTAUQUA BLVD
WILL ROGERS STATE BEACH
HWY
ENTRADA DR
SAN VICENTE
20TH
MONTANA
7TH ST
WILSHIRE
SANTA MONICA
BUNDY
West Los Angeles
SAWTELLE
FWY
OVERLAND
Rancho Park
Cheviot Hills
MOTOR
MANNING AVE
NATIONAL BLVD
CENTINELA
BEVERLY HILLS GUN CLUB
GATEWAY BLVD
CLOVERFIELD
SANTA MONICA
11TH
OLYMPIC
10
PICO
Palms
NATIONAL
PALISADES PARK
SANTA MONICA
SANTA MONICA PIER
STATE BEACH
OCEAN AVE
ANGELS ATTIC
MUSEUM OF FLYING
SANTA MONICA MUNICIPAL AIRPORT
OCEAN PARK
23RD ST
AIRPORT AVE
Mar Vista
SANTA MONICA HERITAGE MUS
MAIN ST
NEILSON WY
Ocean Park
LINCOLN
VENICE
WASHINGTON
Santa
ABBOT KINNEY
Venice
VENICE MUNICIPAL BEACH
PACIFIC
WASHINGTON
ADMIRALTY
MARINA
FWY
90
Ballona
MARINA DEL REY BEACH
VIA MARINA
FIJI WAY
FISHERMAN'S VILLAGE
JEFFERSON
Marina del Rey
Marina del Rey
CULVER
MANCHESTER AVE
MANCHESTER
SEPULVEDA
Playa del Rey
WESTCHESTER